세상에 나를
추천하라

세상에 나를 추천하라

정쾅위 지음

곽규환 · 한철민 옮김

산지니

체면 차리지 말고
죽을 각오로 임하라

누구나 어릴 때는 꿈이 있다.

'나는 꿈 따위 없었어!'라고 말하지 마라. 당신에게도 꿈이 있었다. 다만 중도에 맛본 좌절, 주변 친구들에게 받은 상처, 사회적 조건의 압박이 당신을 꿈꾸지 못하게 하고, 스스로를 그저 '평범한 사람'으로 여기게 만들었을 뿐이다. 만일 당신이 진짜 평범한 사람이라면, 무미건조한 삶을 수용하고 아무 고민 없이 살아도 된다. 상처를 받지 않아도 되는 대신, 이룬 것 또한 하나도 없는 그럼 삶을 말이다.

중요한 것은 하늘이 이 세상을 만들 때 일찌감치 게임의 룰을 정해 놓았다는 사실이다. 그 법칙은 성공과 쾌락이 모두 모험을 추구하고 과감하게 도전하며 실패할수록 더 맹렬하게 끝까지 나아가는 사람에게만 해당한다는 것이다. 아무것도 하지 않으면 분명 상처받을 일도 없겠지만 제자리 걸음으로는 아무것도 이뤄낼 수 없을 것이다.

내 꿈은 흔히 말하는 글로벌 인재가 되는 것이다. 타국에서 그 문화와 생활을 체험하고 나아가 그 사회에서 인정받는 뛰어난 재능을 가진 인재가 되고 싶다. 아무 배경이나 특별한 재원이 없던 나는 이 꿈을 이루기 위해 오로지 노력에만 기대 끊임없이 실력을 쌓고 목표를 향해 달려왔다. 그동안 나를 지탱한 것은 바로 '체면 차리지 말고 죽을 각오로 임하라'라는 정신이었다. 나는 항상 스스로에게 말했다. 나는 원래 아무것도 없는 사람이다. 사람이 살아가는 겨우 70~80년에 불과한 짧은 인생 동안 더 많은 성과를 만들고 더 많이 경험하면, 내가 가지지 못했던 더 많은 것을 얻을 수 있으리라.

나는 이러한 정신에 입각해 책을 썼다. 내가 어떻게 대만을 벗어나 해외에서 일할 수 있었는지 또 어떻게 세계관을 확장하고 더 많은 수익을 확보했는지 청년들에게 그 경험과 방법을 공유하고자 한다. 이를 통해 청년들의 '밖으로의 진출'을 격려하고 더 나아가 모두가 자신의 이상을 추구하고 노력할 수 있게 독려하고 싶다. 또한 삶에서 피할 수 없는 좌절을 적극적으로 대면하고, 그 경험 또한 자신을 격려하며 타인을 고쳐시킬 수 있는 자양분으로 삼길 바란다. 당신이 어디에 있든지, 마음속으로 품은 꿈이 무엇이든지 간에 이 책은 당신이 필요로 할 때 가장 큰 힘이 될 것이다!

이 책 쓰던 당시, 나는 한국 홍익대학교 교양 과목 교수로 중국어를 가르치고 있었다. 그리고 한국에서 학생들을 가르치기 전에 타이완 스젠實踐대학교 응용영문학과에서 1년 동안 겸임 조교수로 지냈다. 그 일을 하기 전에는 미국에서 박사학위를 취득했다. 박사과정 5년 동안 자기추천으로 중국어 수업 조교TA, Teaching Assistant가 되기도 했고, 운수회사를 만들어 공항 픽업 서비스를 하기도 했으며 국제전화카드를 팔기도 했다. 적극적으로 친구들과 교제했으며 학교 평생교육원에서 학생여행팀 가이드, 중국상회 탐방단의 수행 통역원, 로스앤젤레스 경찰국의 사건 통역을 맡기도 했다. 다른 유학생들이 서빙이나 과외로 시급 7~20달러를 벌 때, 나는 시간당 50달러 정도를 벌어들였다는 이야기다. 어떤 한국 유학생은 나에게 "자신이 만난 유학생 중에서 유일하게 부모의 도움을 받지 않는 사람이면서 가장 '부유'한 유학생"이라고 말했다. 지금 생각해보니, 과연 일리 있는 말이었다.

중요한 건 위에서 언급한 모든 일들을 모두 내가 적극적으로 쟁취했다는 점이다. 한 명의 글로벌 인재가 되고 싶거나, 자신의 영역에서 '독보'적인 위상을 갖고 싶다면, 위와 같은 자기추천과 적극적인 자세가 필요하다. 항상 실력을 다듬고 정당한 방법으로 자신을 부각해야 하며, 해외에서 생활할 때 닥쳐오는 좌절과 고독감을 나름의 방법으로 해소할 수 있어야 한다.

이 책은 학창시절부터 지금까지 내가 해왔던 일들을 쓴 것이다. 돌이켜보니 그 소소한 일들과 큰 사건들 모두 나를 글로벌 인재로 만들기 위한 준비였다. 책에서 강조하는 능동적인 마음가짐과 좌절을 두려워하지 않는 용기, 기회를 창출하고 외국어 학습에 대한 애착, 인맥과 실력 쌓기 등의 모든 이야기들이 당신의 내일에 도움이 되길 바란다. 명확한 원칙을 갖고 준비를 하다 보면 기회가 찾아온다. 이때 그 기회를 붙잡아야 한다. 그저 스스로 격려만 한다면 아무 소용이 없다. 절실하면서도 현실에 적용 가능한 방법을 이야기해야 한다. 이 지점이 바로 이 책의 핵심적인 포인트이다. 내가 제시하는 다양한 자료와 여러 사람들의 멋진 에피소드들을 통해 당신이 진정 원하는 길과 자신만의 방법을 생각해볼 수 있었으면 한다.

또한 이 책은 당신이 어떻게 꿈을 좇아야 하는지, 발전을 도모하며 커리어를 쌓아야 하는지를 알려준다. 또한 해외 구직, 이력서 작성, 면접에 관한 실질적인 팁, 해외 체류 때 필요한 주의사항 등과 관련한 내 경험을 공유한다. 그래서 당신이 갈망하던 직장에 입사하고 해외 생활 적응 및 친구 교제 등에서 힘들이지 않고 물 만난 물고기처럼 활약할 수 있게 도울 것이다. 책에서 언급하는 여러 마음가짐과 구체적인 방법을 참고하라. 당신은 글로벌 인재로 성장할 수 있다. 어떤 직장에 들어가고 싶은 사람, 혹은 창업하고 싶은 사람 모두에게 긍정적이고 적극적인 영향력을 확보하는 방법을 알려주고자 한다. 그리고 당신이 직장에서 실력을 쌓고 그 실력을 부각시킬 수 있게 도울 것이며, 결국 당신이 원하는 그 자리에 앉을 수 있게 해줄 것이다.

이 책을 끝까지 읽는다면 당신은 내가 사실 '타고난 글로벌 인재'는커녕 그저 '대만 토박이'에 불과했다는 사실을 알게 되리라. 그러나 이 '대만 토박이'는 집에 돈이 없다고 해외 유학을 포기하지 않았다. 오히려 전력을 다해 국비 유학생 시험을 치렀다. 또한 세상과 회사들이 철학과 졸업생을 업무 능력이 없다고 판단하는 그 시선에 나가떨어지지 않고, 대학 기간 내내 미친 듯이 활동하며 동아리 간부를 맡아 대형 행사를 주최했다. 또한 각종 대회에 참가해 다른 이들이 넘볼 수 없는 실력을 쌓았다. 자리가 없는 학계 때문에 유랑하는 교수로 전락하지 않았다. 오히려 치열하게 여러 면접에 도전해 한국에서 일자리를 찾을 수 있었다. 또한 중국어, 영어, 일본어, 한국어가 모두 가능한 나를 아무도 사회자로 써주지 않는 현실에 좌절하기보단 스스로를 추천하는 방법으로 다양한 사람들과 엔터테인먼트 회사와 접촉했다. 그 결과 엘린Eelin엔터테인먼트와 계약을 체결하고, 텐샤天下잡지와 장기 협력 관계를 구축하여 동남아와 중국, 일본으로 활동 무대를 넓힐 수 있었다. 나는 지금도 글로벌 전문 사회자 영역에 자리매김해 나가고 있다.

지금 이 글을 읽고 있는 당신, 혹시 졸업 후 최선을 다하며 밤을 지새워 일하는데도 겨우 최저시급을 받고 있는가? 그리고 그런 열악한 현실 속에서도 여전히 꿈을 갖고 있는가? 만일 그렇다면, 좋다. 바로 이 책이 당신의 잠재 역량 계발과 실력 축적을 도울 수 있다. 이 책이 세상을 당신의 발아래 두는 가장 좋은 도구가 되길 바란다.

예전 대만 기업가들은 트렁크 하나만 달랑 들고 세상 끝까지 달려갔다. 서툰 영어임에도 온갖 손짓 발짓을 마다하지 않고 전 세계의 고객들과 접촉해 협력의 기회를 창출해냈다. 그들이 '어려움을 마다하지 않고', '체면 차리지 않은 채 죽을 각오로 임해준 덕분에 오늘 대만은 이와 같은 경제적 기적을 이룰 수 있었다. 현재 전 세계 청년들 앞에 놓인 왜곡된 취업 시장 속에서, 청년들에게 필요한 것은 바로 과거 대만 창업가들과 경영인의 정신처럼 새로운 기회를 찾아 출로를 발굴하는 일이다. 언제나 더 큰 기회를 엿보라. 그게 세계 어디서든 전투를 벌일 수 있는 자산이 될 것이며, 영광의 미소를 지을 수 있게 해줄 것이다!

차례

chapter 1

대만을 벗어나
다양한 시야를 확보하다

조기 '국제화'에 대한 집착
안타까운 얼치기 국제화

사실, 내가 전 세계가 필요로 하는 사람이 되고자 마음먹은 건 어릴 적 아버지의 말씀 때문이었다. 초등학교 시절부터 아버지는 우리 형제에게 "너희 둘은 모두 미국에서 박사학위를 따고 돌아와야 한다."고 말씀하시곤 했었다.

아버지는 왜 그런 이야기를 하셨을까? 아마 아버지가 거쳐온 삶의 역정 때문일 거다. 그는 세간에서 말하는 속칭 '노병' 출신이다. 1949년 장제스蔣介石의 부대와 함께 대만으로 넘어온 외성인外省人. 당시 아버지는 고등학생이었다. 그는 전란을 피해 동분서주하던 선생님을 따라 대만으로 넘어와 생계를 잇기 위해 군에 입대했다. 그는 대만이 중국 대륙을 금방 수복할 수 있으리라 여겼다. 여생을 줄곧 대만에서 보내게 될 줄 예상하지 못했던 것이다. 당시로부터 40여 년이 지나 양안兩岸의 상호 방문이 가능해진 후에야 아버지는 고향에 다시 발을 디딜 수 있었다.

그래서인지 아버지는 종종 말씀하셨다. 당신은 전란 때문에 좋아했던 학업을 이어갈 수 없었고, 군대에 복무한 후에는 자수성가해서 출국의 기회를 줄곧 노렸지만 계파 갈등 때문에 퇴역할 수밖에 없었으며, 그 후 신문사에서 기자로 일하면서 결국 학업의 길이 끝나버렸다고 말이다. 그는 자신에게 공부할 기회가 있었더라면 한 방면의 최고 전문가가 됐을 거라고 장담하며 한탄하곤 했다.

그래서 그는 자신이 이루지 못한 소망을 모두 두 아들에게 위탁한 것이다. 나와 형은 아버지가 갖지 못한 학위를 가져야 했고 나아가 어디에서든 '두각'을 드러내야만 했다. 아버지에게 그 '두각'이라는 것은 대학교수가 되거나 정부 고위층의 부장급 인사가 된다는 의미였다. 그래서 그는 우리가 아주 어렸을 때부터 교육 문제를 무겁게 생각했다. 또한 반드시 외국의 박사 학위, 특히 미국의 박사 학위를 따야 한다고 강조했다. 아마도 당시 대만이 미국의 원조에 기대 중국 공산당의 위협을 방어하고, 경제적 발전을 도모하고 있었기 때문이리라. 이와 같은 연유로 우리에게 영어 실력은 굉장히 중요한 문제로 자리 잡았다.

안타깝게도, 그는 영어를 중요하게 생각했지만 우리의 영어 실력을 위한 실질적인 노력을 기울이지는 않았다. 그 시절, ICRT^{International Community Radio Taipei} 같은 좋은 영어 학습 도구가 있었음에도 우리는 그 라디오 방송을 듣지 못했다. 그건 아마도 부모님들이 영어를 알아듣지 못했기 때문일 것이다. 이런 환경 속에서 자란 우리 형제는 중학교에 진학하고 나서야 본격적으로 영어를 배우기 시작했다. 중학교 진학 직전 학원에서 영어를 배웠지만 다른 친구들보다 조금 일찍 알게 된 건 영어 발음과 26개 알파벳 정도였다. 중학교 진학 이후부터는 모두 학교 수업과 자습을 통해 영어를 공부했다. 폼 나게 말하면 우리는 영어를 독학으로 섭렵했다고도 할 수 있겠다. 하지만 까놓고 말하자면, 당시 우리 집은 영어 학원에 돈을 쓸 만큼의 여유조차 없었던 것이었다.

엉터리 영어와 어이없는 농담

그러다 보니 우리 형제의 영어 실력은 당시 대부분의 대만 아이들과 마찬가지로 형편없었다. 읽기와 쓰기는 그럭저럭 가능했지만 듣기와 말하기는 엉망진창이었다. 학교에서 달달 외우며 공부한 덕에 영어 시험은 그럭저럭 넘길 수 있었지만 외국인과 대화를 나눌 때면 말더듬이가 되며 홀로 궁색해졌다. 대학 입시를 치른 후 호주로 배낭 여행을 떠났다. 난생처음 외국 땅을 밟게 된 것이다. 기내 화장실에서 줄을 서고 있는데 내 뒤에 서 있던 미모의 호주 백인 여성이 내게 물어왔다. "Where are you flying to?" 그녀가 내 행선지를 물어본 건 아마도 싱가폴항공 소속인 이 비행기가 싱가폴을 경유해 호주로 가기 때문이었을 것이다. 싱가폴로 가느냐, 호주로 가느냐는 질문. 하지만 나는 그녀의 말을 알아듣지 못했다. 나는 추측하기 시작했다. 화장실에서 내게 뭔가를 물었다. 그러니 화장실과 관련한 일이겠지. 나는 황급하게 대답했다. "I am flying to the toilet."(저는 화장실로 가고 있습니다.) 내 대답을 들은 그 여성은 인상을 찌푸리며 몸을 돌려 그녀의 어머니에게로 갔다. 그때 나는 엄습

한 부끄러움에 쥐구멍에라도 숨고 싶은 심정이었다.

형도 마찬가지였다. 토플 점수 600점(최근 점수 기준으로 100점 이상), GRE 1900점을 상회하는 그 역시 영어로 인한 해프닝을 피해가지 못했다. 그가 미국 미시간주 앤아버 대학에서 수학하며 연애할 때였다. 대학원생이었던 형은 당시 이런저런 이유 때문에 행색이 '꼬질꼬질'했다. 그런 그가 뜻밖에 미국 태생의 중국계 여인과 연애를 시작한 것이다. 당시 그는 스물다섯 살이었고 그 앳된 여성은 이제 막 열여덟 살이 됐다. 우리 모두에게 가히 '대만 남자의 한 줄기 희망'으로 일컬어질 만한 사건이었다. 그러나 이 승리의 대만 남자 브루스에게도 '어리바리'한 시절이 있었다. 형과 그 여성은 타오르는 불처럼 뜨거운 사랑에 빠졌다. 어느 날 여인은 형을 집으로 초대했다. 때마침 그녀의 어머니는 외출 중이었다. 둘은 서로 끌어안은 채 소파에 누워 DVD를 보면서 조근조근 대화를 나눴다. 이때 그녀가 갑자기 애교를 부리며 농담을 던졌다. "Bruce, If my mom comes home, you have to hide."(브루스 만약 우리 엄마가 오면 너는 숨어야 해!) 당시 브루스는 미국에 도착한 지 얼마 되지 않아 영어 듣기에 문제가 좀 있었다. 그는 그녀의 농담을 "If my mom comes home, you have to say hi."(만약 우리 엄마가 오면 하이!라고 인사해)라고 알아들었다. 그는 hide를 say hi로 알아들은 것이다. 브루스의 이 말을 들은 그녀는 소파에서 벌떡 일어나 "No, I mean hide, not hi!"(아니, 하이라고 인사하는 게 아니고 숨어야 한다고!)라고 외쳤다고 한다. 나와 친구들은 이 이야기를 듣고는 배가 찢어져라 박장대소했다.

스파르타식 학습법으로 순식간에 영어를 정복하다

나는 대만의 영어 교과서가 잘못됐다는 이야기를 하는 게 아니다. 하지만 당신이 시험을 위해서만 언어를 공부하게 된다면 듣기와 말하기는 거의 연습할 수 없다. 당신이 글로벌 인재가 되고 싶다면 '유효'하고 '우수'한 영어실력이 필수적이다. 그래서 나는 여기서 몇 가지 영어 학습법을 제시하려 한다. 나는 한국어도 이 방법으로 공부했다. 덕분에 공부를 시작한 지 3개월 만에 한국인과 간단한 소통이 가능했고 광고 문구 정도는 쉽사리 이해할 수 있었다. 반 년이 지나자 일상생활 자체에 아무 지장이 없을 수준에 이르렀다. 이 '스파르타식' 외국어 학습법은 당신이 중학교 3년, 고등학교 3년, 거기에 대학교 4년을 합친 10년 동안에도 장악하지 못했던 외국어를 단기간에 습득할 때 큰 도움이 될 것이다.

먼저, 당신이 지금까지 얼마나 오랫 동안 영어를 공부했든지 간에, 예전에 공부했었던 교과서로 복습을 한번 하기를 추천한다. 가장 좋은 것은 모든 단어와 각 장의 문장들을 CD와 함께 학습하는 것이다. 이러한 복습은 발음과 듣기 능력을 일거에 장악하도록 도와준다. 물론 당신이 예전에 교과서 내용을 모두 이해했었다는 전제로 추천하는 방법이다. 만약 당신이 교과서의 내용을 대체로 이해할 수 없다면 위 방법은 넘기고 처음부터 새로 공부를 시작해야 한다. 여기서 나는 당신에게 어느 정도의 돈을 쓰라고 제안한다. 학원에서 약 3개월에서 6개월 정도 소요되는 집중교육반에서 재빠르게 기초문법과 기초단어, 그리고 읽기 능력을 장악할 수 있다. 이해되지 않는 부분이 있으면 바로 손을 들어 물어봐야 한다. 학원의 선생님은 굉장히 유용한 존재이다. 그는 '강제적'으로 당신이 학습하도록 만들고, 독학으로 이해하지 못했던 부분을 알려줄 수도 있다. 또한 당신은 시험을 하나의 지렛대로 삼아 외국어를 습득할 수 있다. 가령 토익이나 토플 혹은 GRE 시험을 쳐보길 권한다. 이 과정에서 어쩔 수 없이 지불하게 되는 학원비와 수험료는 당신에게 학습에 대한 압박을 주게 될 것이다. 3개월에서 6개월 정도의 기간 동안 당신은 이 시험들을 통해 영어의 기초를 쌓을 수 있다.

이때 반드시 기억해야 하는 것은 시험 통과에만 학습의 목표를 둬서는 안 된다는 것이다. 이 기간 동안 말하기와 듣기, 나아가 쓰기 연습까지 해야 한다. 관련 교재에 딸린 음원을 활용하는 것이 핵심이다. 귀로 듣고 입으로 말해야 한다. 한 장을 읽고 난 다음, 길을 걸으면서도 듣고, 차에 앉아서도 듣고, 화장실에서도 듣고, 식사할 때도 이어폰을 끼고 들어야 한다. 동시에 말도 해야 한다. 만약 당신이 작문에 자신이 없다면 매일 글 한 편의 한두 개 단락을 베껴 쓰는 방법을 추천한다. 필사한 후 3분 뒤에 기억에만 의존해 다시 그 글을 써보면 실력이 빠르게 좋아진다. 가장 좋은 방법은 매일 하나의 주제를 선정해서 약 500자 정도의 단문을 작성한 후 선생님께 수정을 부탁하는 것이다. 이를 통해 영작문에 필요한 정확한 글의 구성, 단어, 사용방법을 이해하고 콩글리시 스타일의 작문을 피할 수 있다. 의미가 대충 통하게 글을 쓴다 하더라도 미국인들은 그렇게 쓰지 않으니깐 말이다. 당신의 영어 실력이 어느 정도 수준급이라면 아메리칸 레토릭 닷컴(www.americanrhetoric.com)을 사용하길 추천한다. 이 사이트는 역사적인 강연들을 이름 순으로 정리했고 유명 인사들의 연설들도 제공한다. 가령 B로 시작하는 이름을 찾으면 버락 오바마가 등장한다. 2004년 제1차 민주당 대통령 후보 찬조연설부터 최근까지의 크고 작은 연설들이 수록돼 있다. 이 사이트에서는 연설 동영상을 볼 수 있을 뿐만 아니라 MP3파일과 연설문 텍스트도 다운 받을 수 있다. 굉장하다! 당신이 이 연설을 이해하지 못해도 아무 문제가 되지 않는다. 번역 기능을 갖춘 브라우저로 이 사이트를 열어 커서를 옮겨만 주면 그 즉시 당신이 이해할 수 없는 단어를 번역해준다. 사전을 뒤적일 시간까지 절약해주는 셈이다. 이러한 우수한 도구들을 잘 활용해서 전문을 이해한 다음, 곧바로 이 연설을 자신의 스마트폰이나 MP3플레이어에 저장할 수 있다. 그리고 매일 듣고 따라 말해보는 것이다. 생각해보라. 당신의 선생님이 미국의 대통령이다. 당연히 당신이 사용하는 단어나 억양, 맺고 끊음, 어구 전환 등이 모두 깊이 있고 교양 있는 영어에 가까워지게 될 것이다. 심지어 영어를 말할 때의 분위기도 한 나라의 대통령의 뉘앙스에 가까워질 수 있다. 미국 대통령을 기준으로 삼은 영어다. 어찌 그 수준이 낮겠으며 발음이 부정확하겠는가?

영어만 말할 수 있는 친구를 사귀어야만 말하기와 듣기 능력이 향상된다

위와 같은 방법으로 일정 기간 영어를 학습하면 당신은 몰라보게 달라진 자신을 발견하게 될 것이다. 이때가 중요하다. 이제 당신은 '진짜 사람'과 말해야 한다! 그리고 반드시 영어로만 말할 수 있는 친구를 사귀어야 한다. 언제 어디서든 친구를 사귈 수 있다면 사교 능력도 좋아지는 것 아니겠는가. 말이 나와서 말이지만 사교라는 건 당신이 생각하는 것처럼 힘든 일이 아니다. 그저 '안녕' 하고 인사를 건네면서 이것저것 물어보고, 집중해서 대화하며 시작하면 된다. 어쨌든 이런 방식으로 새로운 친구를 만나야만 영어를 써먹을 기회가 생긴다. 게다가 더 즐겁게 언어를 배울 수 있다. 친구를 새로 사귀면 상상법을 이용해라. 평소에 힘들게 외운 단어와 화제로 친구와 대화를 이어가라. 이 설왕설래를 통해 영어를 반복 학습할 수 있다. 심지어 외국인 친구는 바로바로 당신의 영어를 교정해줄 것이다. 이 방법이 최고의 영어 학습법이다.

아, 그리고 하나 더. 영어로 사고하는 습관을 기르기 시작해야 한다. 영어를 사용해서 자기 자신과 대화하라. 이게 가능하다면 영어 실력이 어느 정도 수준에 도달했다는 의미다. 자신과의 대화와 사고를 통해 몰랐던 단어를 보다 익숙하게 사용할 수 있고 나름의 답에 이를 수 있다. 영어가 당신의 생활과 두뇌 속으로 깊이 들어오게 되며, 그 즈음이면 영어를 유창하지 않게 말하는 게 더 어려운 일일 것이다.

반드시 기억해야 할 마지막 포인트! 언어는 하나의 도구에 불과하다는 것이다. 당신이 사회에 진출해 직장을 갖게 되면 그 어떤 누구도 영어 점수로 당신을 평가하지 않는다. 당신이 용감하게 말하고 틀리는 것을 두려워하지 않으며 제스처를 거리낌 없이 취할 수 있다면, 충분히 소통할 수 있다. 내 중학교 동창 에릭은 대학 입학시험 영어 점수가 바닥을 기었다. 하지만 현재 그는 영국에서 회사를 세워 CCTV를 팔고 있다. 그의 직원과 고객 모두가 영국인이다. 그는 죽기 살기로 영어를 공부했다. 비록 미국인이나 영국인처럼 영어를 완벽하게 구사하지는 못하지만 생활과 사업에는 아무 문제가 없다. 녀석도 가능했고 나도 해냈는데, 당신은 왜 못하겠는가? 반드시 할 수 있다! 핵심은 행동하는 것이다. 끊임없이 연습하라. 중국어와 비교하면 너무나 쉬운 이 언어를 당신은 극복할 수 있을 것이다!

TIP

> 달인의 팁: 영어를 제대로 공부하고 싶다면 스스로를 24시간 영어로 둘러싸인 환경으로 밀어 넣어야 한다. 또한 영어만 말할 수 있는 친구와 교류하면 듣고 말하고 읽고 쓰는 능력이 한꺼번에 상승할 것이다.

자신의 핵심가치를 높이고
차이나 드림을 붙잡아라

열다섯 살 때 생애 첫 출국을 경험했다. 출국이라고 말하지만 사실은 중국 대륙에 가서 친척을 만나는 일에 불과했다. 양안이 상호개방되자 아버지는 자식들과 함께 고향을 방문하려 했다. 아버지와 같은 외성인들에게 있어 대만은 영원히 중국의 일부분이다. 이 '중국'의 정의는 대륙과 대만에서 각기 다르지만, '중화민국'을 인정하는 나라는 전 세계를 통틀어 얼마되지 않는다. 그러나 중화민국은 단 한 번도 중화인민공화국에 속한 적이 없다. 이 역시 부인할 수 없는 사실이다. 내 상상에서 출국이란 비행기를 타고 어디론가 떠나는 것이었다. 하지만 아버지가 친구에게서 받은 한 장의 배표는 마카오와 광저우를 경유해 중국으로 가는 초대권(그때까지 양안은 직항로를 개통하지 않았다)이었다. 그래서 아버지는 허리춤에 찬 지갑에서 돈을 꺼내 한 장의 표를 더 사서 갓 중학교를 졸업한 빡빡머리의 나를 데리고 오매불망 그리워하던 '조국'으로 돌아갔다. 처음으로 '고향을 등지고 떠난' 나는 정체를 알 수 없는 흥분에 휩싸였다. 전통적인 교육과 '충당애국忠黨愛國'이란 배경 아래서 자란 나는 진짜 '조국'에 돌아왔다고 생각했다. 어릴 적 국어, 역사, 지리 교과서에서 배운 내 조국은 문화대국, 예의지국 같은 완벽한 형상의 무언가였다. 그러나 나는 광저우에 들어선 이후 눈만 크게 뜬 채 아무 말도 잇지 못했다.

거대한 광저우 기차역을 새까맣게 뒤덮은 인파. 나는 그렇게 많은 사람은 본 적이 없었다. 대부분의 사람들은 너저분한 옷을 대충 걸치고 있었다. 사실 이런 풍경은 어느 정도 이해됐다. 개혁개방한 지 얼마 되지 않았을 때고 경제 건설은 그렇게 빨리 이룰 수 있는 일이 아니니까. 내가 가장 충격을 받고 수용하기 힘들었던 것은 사람과 사람 사이의 거리와 무례, 그리고 불신이었다. 우리 바로 앞에서 함께 입국 심사를 받던 대만 노인이 떠오른다. 잠시 한눈을 팔던 그가 황망한 표정으로 우리에게 자신의 여행가방을 보지 못했냐고 물었다. 바로 직전 어떤 행인이 노인의 어깨를 툭 쳤고, 그가 한마디를 던지며 몸을 돌린 그 순간 다리 옆에 뒀던 여행가방이 사라진 것이다. 가방에 날개가 달린 것도 아닐 텐데 순식간에 날아가 버렸다. 나와 아버지는 그를 도와 주위를 이리저리 둘러봤지만 그 도둑을 어디에서 어떻게 찾을 수 있겠는가? 때마침 고향 후난湖南으로 향하는 기차가 역으로 들어서고 있었다. 우리는 그저 경찰을 찾아 도움을 요청하라는 말을 건넬 수밖에 없었다.

기차를 타려고 역에 들어섰을 때 눈앞에 펼쳐진 풍경은 기절초풍

할 정도였다. 끝없이 늘어선 기차들은 한눈에 보기에도 연결 상태가 아슬아슬했다. 게다가 우리는 그 불안한 기차에 올라탈 수조차 없었다! 대만에서 익히 배워왔던, 줄을 서서 기다리고 순서대로 기차에 올라타며 노인과 임산부에게 좌석을 양보한다 따위의 관용과 예의는 한 치도 허용되지 않았다. 사람의 틈새를 맹렬하게 비집고 들어가지 않는 한 기차에 오를 수조차 없었다. 그러나 아버지는 '대륙인'을 비난하지 않았다. 혼자 대륙을 두 차례 방문한 적 있던 그는 이미 이런 상황이 익숙한 듯했다. 그는 내게 빨리빨리를 외쳤고 나 역시 일단은 재빠르게 그 환경에 적응했다. 몸이 어떻게 되든 옆 사람을 밀치며 기차로 들어가려 애썼다. 나는 앞 사람의 어깨를 밟고서 꾸역꾸역 기차 위로 올라탔다.

12일 동안의 대륙 여행. 나는 아름답기로 소문난 장가계와 구채구를 들렀다. 쓰촨에서는 배를 타고 옛 시인 이백처럼 양쯔강을 타고 유람했다. 이백이 읊조린 '兩岸猿聲啼不住, 輕舟已過萬重山'(양쪽 기슭 원숭이 울음 끊이지 않는데, 가벼운 배는 이미 만 겹의 산을 지났구나)의 구절에 흠뻑 젖어가면서 말이다. 그러나 이런 아름다운 풍경들은 이미 내 마음을 점령한 문화적 충격을 가시게 하지는 못했다. 나는 길 위에서, 사람들의 무례와 공무원의 횡포, 어지러운 질서와 더러운 환경을 직접 목격하고 경험했다. 나는 스스로에게 되물었다. "여기가 정녕 내 조국이란 말인가? 내가 듣고 배웠던 중국이나 중화문화와는 너무나 다르다. 분명 뭔가가 잘못됐다. 무엇이 문제인걸까?"

어느 날 밤, 나는 아버지께 "나는 중국이 싫어요!"라고 고백했다.

그러자 아버지는 진지한 말투로 나를 꾸짖었다.

"너는 영원히 중국인이다. 그런데 어떻게 중국을 경멸할 수 있니? 그래, 지금의 중국은 가난하다. 사람들이 정이 없고 무례한 측면도 분명 있다. 하지만 이 모두가 공산당 때문에 그런 거다! 입고 먹는 게 풍족해지면 명예와 치욕을 알게 될 거다. 하지만 지금 이곳의 사람들 대부분은 먹고살기 힘든 시대를 힘겹게 이겨내고 있다. 이런 관점에서 보면, 지금 이들의 이런 행동도 어쩌면 정상적인 것 아니겠니? 네가 이해하도록 하려무나."

당시 나는 아버지의 훈계를 마음으로는 이해할 수 없었지만 고개를 끄덕일 수밖에 없었다. 아버지와 다투지 않으려면 입을 다물 수밖에.

현지에 녹아들어야만 기회를 볼 수 있다

이후 나는 공부와 교류, 그리고 여행을 위해 종종 중국 대륙을 왕래했다. 최근에는 출판과 TV 출연 등으로 더 잦게 중국을 드나들고 있다. 양안의 경제 상황과 국제정치의 변화에 따라 더 많은 대만인들이 대륙에 거주하거나 일을 한다. 요새는 졸업 후 곧장 중국 대륙에서 첫 번째 직장을 구해 사회생활을 하기도 한다. 중국통이 된다는 건 곧 세계 최대 시장을 파악한다는 뜻이기 때문이다. 중국 대륙, 세계에서 기회가 가장 많은 땅이다.

아주 많은 사람들이 중국에 가고, 혹은 대만으로 다시 돌아온다. 중국 대륙에서 살면서도 여전히 그곳에서의 적응이 어렵다고 하소연하는 이들이 적지 않다. 내 경험상, 이런 불평불만을 토로하는 이들은 중국에서 하는 사업이 원활하지 않은 경우가 대부분이다. 중국 대륙에서 성공한 기업인이나 경영자들은 감정이나 원망을 절대 표현하지 않는다. 오히려 머리부터 발끝까지 현지 문화에 스며들려고 노력하고, 현지의 환경과 문화를 존중한다. 이런 이들의 성공은 당연한 것이다.

우리는 환경에 맞춰 변화하는 자세가 필요하다. 환경에 적응해버리자! 많은 이들은 중국에 가는 걸 꺼리고 대륙인을 두려워한다. 이 공포는 아래의 몇 가지 지점 때문이다.

1. 중국은 법치주의를 경시하고 인권을 무시하며, 중국에서는 생명과 재산을 보장받기 힘들다는 인식.
2. 현지인에 대한 불신. 그들은 쉽게 속이고 책임지지 않으며, 심지어 핵심기술을 배우고 훔쳐서 독립할 것이라는 우려.
3. 중국인은 경쟁을 좋아하고 늑대 같은 본능을 갖고 있어서 경쟁에서 이길 수 없을 것이라는 공포.
4. 환경 문제, 사람들의 무례, 심각한 공기오염 등에 대한 우려.

지역을 불문하고 투자에는 하나의 불문율이 있다. 높은 수익에는 높은 위험이 도사린다는 사실이다. 중국에는 숱한 회색지대가 있다. 당신이 기회를 잡을 가능성도 있다. 일확천금은 당신이 발견을 하느냐 못하느냐, 그리고 기회를 잡을 용기가 있느냐 없느냐에 달렸다.

최근 몇 년 동안 쉴 새 없이 중국을 방문했다. 그동안 중국의 질서는 일부 나아졌다. 하지만 여전히 흔히 말하는 '문명사회'와는 거리가 있다. 나는 많은 중국 대륙인들과 일을 하면서 그들의 속임수와 완고함, 그리고 경쟁적인 삶의 자세에 대해 이해하게 됐다. 만약 당신이 자원이 극도로 부족한 환경에서 자랐다고 가정해보자. 잠깐 멈칫하는 사이 다른 이들이 기회와 자리를 채 간다. 그렇다면 당신은 굶주리게 될 것이고, 집으로 돌아갈 수도 없는 상황에 빠진다. 앞을 보고 치열하게 경쟁하지 않을 도리가 있는가? 당신은 중국인들이 줄을 서지 않고 새치기한다고 원망할 수 있다. 하지만 그들이 그렇게 된 건, 배차 간격이 긴 중국에서 버스를 놓치면 두세 시간 뒤에야 다음 차를 탈 수 있기 때문이다. 가끔 기사가 기분이 좋지 않아서 제대로 정차하지 않을 수도 있다. 그러면 당신은 오늘 집에 돌아가지도 못할 것이다. 만약 당신이 이런 환경에서 자랐다면, 지금 당장 차에 오를 수 있는 기회를 어떻게든 잡으려 하지 않겠는가? 또한 그렇게 힘들게 차지한 자리를 타인에게 쉬이 양보할 수 있을까?

만일 당신이 이러한 중국의 상황을 알고서 현지인과 교류한다면 그들을 더 많이 이해할 수 있고 동시에 자신을 보호할 수도 있을 것이다. 일을 할 때 그들의 열정과 의욕을 불러일으키기 위해서는 당연히 이익으로 유혹해야 한다. 이때 이익의 정도를 잘 책정해야 한다. 이익이 너무 적으면 그들은 무시할 것이다. 반대로 너무 많은 이익은 그들의 마음을 흐리게 할 수 있다. 피부로 느낄 수 있는 적절한 정도의 이익을 제안하는 게 중요하다. 당신은 반드시 중국 대륙인들과 접촉하고 그들을 관찰하며 그 '정도'를 찾아야 한다. 이때

비로소 위계 관계에서 그들을 잘 관리해나갈 수 있다.

글로벌 인재가 되고 싶다면,
먼저 중국 대륙에서 경험을 쌓아라!

중국 대륙에 있으면 '시장은 보이는데 돈은 벌기 힘들다'라는 이야기를 종종 듣게 된다. 이때는 현지 사정에 빠삭한 동업자를 구해 시장을 개척하는 게 좋다. 가령 대만의 음료회사 Coco는 세계 시장을 개척할 때 현지의 협력자를 구해 공동으로 현지 법인을 설립하는 방식을 선택한다. 다만 자기지분을 반드시 55%에서 60% 이상을 확보해야 통제권을 확보할 수 있다. 힘들게 개척하고 공들여 경영한 기업을 흑심을 가진 사람에게 '통째로 뺏길 수'는 없으니까. 이익 때문에 배신하고 의리를 저버리는 경우는 대만에서도 종종 발생하는 일이다. 중국 대륙에서만 벌어지는 일이 아니라는 말이다. 그래서 이러한 상황을 피하도록 미리 제도를 고치고 만일의 사태에 대비해둬야 한다. 스스로 주도권을 갖고서 협력자에게 이익을 공평하게 분배할 때에만 그들은 전력을 다해 자신의 자원을 제공하고 온 마음으로 협력하며 경영에 참여하게 될 것이다.

누군가의 경쟁력이 강해서 당신을 이기는 게 두려운가? 이는 기우이며 우물 안에서 하늘을 쳐다보는 꼴에 불과하다. 생각해보라. 직원의 능력을 키우지 않고 능력이 부족한 사람과만 일한다면 회사에 무슨 이익이 생기겠는가? 직원의 성장을 두려워하는 당신의 모습이 직원에게 보이지 않을 것 같은가? 당신의 그런 모습을 본 직원들이 당신에게 진심으로 협력하겠는가? 혹은 당신의 그런 주저함 때문에 '당신을 대체'하겠다는 야심을 가지지 않을 것 같은가? 결국 당신의 그런 두려움은 아무 쓸모가 없는 것이다. 오히려 조직을 망가뜨리고 당신의 가치를 훼손하게 될 뿐이다.

승진하고 싶어 하는 마음은 당연한 것이다. 상사이자 선배인 당신은 이런 직원과 후배를 격려하고 '추격하는' 상황을 당연한 일로 만들어야 한다. 이런 상황은 당신 자신의 잠재적 능력도 계발할 수 있는 좋은 계기가 된다. 대만에서도 직장 내 경쟁은 일상사다. 그저 중국 대륙인들은 좀 더 직접적이고 노골적일 뿐. 이런 상황에서 당신은 강력한 학습과 적응으로 핵심 가치를 부단하게 강화하면서 다른 이들의 추격을 허용해선 안 된다. 이 과정에서 당신의 자리는 더 안전하게 될 것이며, 만일 이직을 고민하게 된다면 모두가 붙잡고 싶어 하는 인재로 성장할 수 있을 것이다.

중국에서 강연, 출판, 수업을 할 때 나는 위에서 언급한 마음가짐으로 임했다. 믿을 만한 동업자를 찾고, 사람을 쓸 때는 의심하지 않았다. 다만 계약과 제도는 자신의 이익을 확보하는 가장 중요한 보장이다. 그리고 추격자, 경쟁자에게 틈을 주지 않기 위해 강박에 가깝게 스스로 끊임없이 '진화'하면서 빠르게 발전해야 한다. 그들이 따라잡을 수 없게 말이다.

'교제'를 예로 들어보겠다. 교제는 대체로 '꼬시거나', '사귀는' 정도로 정의된다. 대부분 사람들은 교제를 재미있는 일이지만 올바른 건 아니라고 생각한다. 이 협의의 정의로만 생각하면 시장은 갈수록 작아질 것이다. 그래서 나는 교제의 의미를 '사랑과 사업에서 스스로를 추천하는 것'으로 정의하고 '전방위적 자아 제고'라는 목표를 설정했다. 중국 대륙의 다른 이들이 '여자를 꼬시는 방법'으로만 교제를 가르칠 때 나는 텔레비전에 계속 출연하고 대학에서 가르치며 매체의 관심을 받았다. 그리고 나만의 지위를 일구어 냈다. 최근 나는 중국에서 〈슈퍼강연가〉, 〈말해보자〉 등의 프로그램을 기획하고 있다. 이 모두가 나의 부단한 노력과 진보의 결과인 것이다.

경쟁을 두려워한다고 해서 경쟁이 사라지는 것은 아니다. 중국을 좋아하지 않는다고 해서 중국이 사라지지도 않는다. 현실적으로 보면 중국은 계속해서 커질 것이고, 전 세계에서 그 누구도 무시할 수 없는 강력한 존재로 자리매김할 것이다. 보다 더 빨리 이 사실을 인지하고, 이 현실에 진입하며, 이 상황을 끌어안아야 한다. 그러면 당신의 직장 생활, 세상을 보는 시야, 그리고 능력은 상상하기 힘들 정도로 나아질 것이다. 이렇게 쉽게 변하고, 속이며, 속을 알 수 없는 고객과 적수를 상대하면서 그들을 상대하는 방법을 찾아내고 그들 속에 섞여 들어갈 수 있다면, 심지어 그들을 고분고분하게 만들 수 있다면, 그 어떤 시장과 사람들 속으로도 진입할 수 있을 것이며 해결하지 못할 문제가 없을 것이다. 그러니 글로벌 인재가 되고 싶다면 먼저 중국에서 경험을 쌓아라!

달인의 팁: 중국 대륙에서 일할 때 경쟁력을 높이는 방법은 다음
과 같다. 반드시 현지의 문화에 융화되고, 인맥을 탄
탄하게 쌓아야 하며, 불만과 원망에 갇혀 당신이 머무
르고 있는 세계 최대의 시장에서 꿈을 펼칠 수 있는
기회를 놓치지 말아야 한다.

첫 번째 호주 자유여행이
내게 가져온 변화

고등학교를 졸업한 그해 여름, 나는 처음으로 해외여행을 떠났다. 나의 첫 해외여행지는 호주였는데, 이모가 이민을 가 있었던 터라 현지에서 도움을 받을 수 있었다. 당시 나는 영어권 국가에서 내 영어실력을 점검해보고 싶었던 상태였다. 나의 고등학교 단짝 샤오팡小胖과 떠난 15일간의 호주 자유여행은 나의 진짜 영어실력을 알게 해주었다.

먼저 멜버른의 이모 집에 도착해서 3일을 보낸 뒤 시드니의 황금 해변으로 가서 그레이트 오션 로드The Great Ocean Road를 포함한 몇 곳의 명승지를 둘러봤다. 당연히 시드니 오페라 하우스도 놓치지 않았다. 이 기간 동안 수상스키도 타고 옛 금광도 갔다. 우리는 전화번호부를 뒤져서 가격이 싼 민박을 찾아 숙박했다. 샤오팡은 현지 거지에게 돈을 떼이기도 했고, 얻어맞을 뻔한 위기도 겪었다. 하지만 이 모든 여정은 아름다웠다.

　이 호주 여행은 내게 두 가지 큰 교훈을 줬다. 하나는 내가 지난 6년간 공부했던 영어가 '아무 소용이 없다'는 사실이었다. 교재의 문제가 아니라 우리가 언어를 배우는 방식과 태도가 근본적으로 잘못된 것이었다. 제아무리 외국어를 학교의 정규 교과과정으로 정하고 시험을 보게 해도, 실제 생활에서 활용하거나 매일 외국어에 노출된 환경이 아니라면, 그 효과는 제한적이다. 그래서 나는 외국어를 학습하는 나만의 방법을 모색하게 됐다. 이 방법이 단기간에 외국어를 익히고 싶은 당신에게 효과적이기를 바란다. 나는 유사한 방법으로 영어뿐만 아니라 일본어와 한국어도 능숙하게 됐다. 외국어에 대한 기본적인 학습 이후 매일 연습하고, 외국인 친구와 교제하는 습관을 유지하면 외국어는 내 생활의 일부가 될 수 있다. 당신이 단기간에 외국어를 장악하고 싶다면 앞에서 제시한 내용을 반드시 철저하게 따라야 한다.

　다른 또 하나의 커다란 깨달음은 이런 해외여행 및 생활 체험이 한 사람의 독립성과 자주성을 기르는 데 큰 도움이 된다는 사실이다. 만일 당신이 친구와 해외여행을 간다면, 숙박 업소나 입장권 모두 스스로 찾고 사야만 한다. 어쩌다 취객을 만나는 탓에 생기는 귀찮은 일들도, 식당에서 음식을 주문하지 못해 겪는 당황스러운 일도 모두 당신의 잠재력 일체를 각성시킬 수 있는 훌륭한 불쏘시개들이다. 이런 난관들을 넘어갈 때 종종 마음은 아프고 쓰라리겠지만, 이때 배운 지식과 경험은 모두 미래의 자신에게 소중한 자산이 된다.

그래서 나는 대만의 청년들에게 최소 1~2년의 해외 체류를 권한다. 독립적이고 자주적인 마음을 일구고 타국의 문화와 특색을 배울 수 있다. 자신의 나라를 벗어나 낯선 곳에서 세상을 바라보면 더 다양하고 넓은 시야를 기를 수 있을 것이다. 대만의 일부 언론들은 워킹홀리데이 등의 제도를 통해 해외에서 일정 기간 일하는 대만 청년들을 '인재 유출'의 징조라며 호들갑을 떨지만 내 생각은 다르다. 한시라도 더 젊을 때 해외에서 견문을 넓히고 고생을 하면 미래의 삶에 나쁠 게 전혀 없기 때문이다.

한때 굉장한 화제를 모았던 '칭화淸華대학교 졸업생이 호주의 도살장에서 일한다'는 제목의 보도를 예로 들어보자. 얼마 지나지 않아 이 보도 내용이 매우 과장됐다는 사실이 밝혀졌다. 여기서 내가 말하고 싶은 것은 젊은이들이 해외에 나가서 여러 가지 경험을 쌓는 건 하나도 나쁠 게 없다는 사실이다. 당신이 명확한 목표에 근거해서 자신의 노동력으로 적당한 보수를 받고, 이 자금을 저축해서 많은 곳을 여행하거나 혹은 고국에 돌아온 이후의 창업자금으로 삼는 건 모두 정당한 일이다. 부모나 선배, 주변 친구들의 질타 때문에 체면을 궁리하며 지레 포기할 필요가 전혀 없다. 자신이 어떤 일에 종사하고 있는지, 그리고 이 일이 자신의 미래에 어떤 긍정적인 영향을 주고 발전에 기여할지를 인식하는 것이 가장 중요하다.

하지만 해외 구직 때 주의해야 할 두 가지 사항에 대해서는 꼭 이야기하고 싶다. 워킹홀리데이 초기에는 단순하고 육체적인 일자리가 주어지기 마련이다. 가령 과수원에서 나무를 심거나 식당에서 그릇을 닦고 음식을 서빙하는 일들이다. 이 일들은 과정에 그쳐야지 절대로 '계속 머물러서'는 안 된다. 당신이 한 가지 기술만 알아서 이 모두를 '직접' 해야 한다면 시간을 효율적으로 쓸 수 없고 당신만의 능력도 발전시킬 수 없다. 한계가 뻔한 결과만 쌓일 뿐이며 재산도 모으기 어렵다. 게다가 실력도 발전시킬 수 없기 때문에 결국 시간을 날리게 될 것이다.

그런 일들은 잠깐만 하라. 당신은 반드시 적극적으로 다른 기회를 잡아야 한다. 사장에게 당신이 '다른 일도 해낼 수 있는' 사람으로 비쳐야 한다. 처음에는 접시닦이로 시작하겠지만, 당신이 현지 언어를 익혀서 고객과 대화가 가능해지고 음식을 소개할 수 있게 되면 관리직을 맡을 수 있게 된다. 내 친구 마크는 싱가폴의 한 호텔 데스크에서 일했었다. 그는 자신에게 주어진 일을 잘 처리해냈다. 게다가 자신의 대만 인맥과 여행사 친구들을 이용해 더 많은 사람들이 자신이 일하는 호텔에 오도록 홍보했다. 바로 이러한 능력과 열정이 현지 고용주의 눈에 들어 2년 뒤에는 매니저의 업무를 담당하게 됐다. 그때 그가 이룬 실적은 이후 이직할 때도 좋은 발판이 돼주었다.

까놓고 말하자면 이게 바로 자본시장의 게임 법칙이다. 당신이 단순한 일만 할 수 있고 또 그런 일만 하고 싶어 한다면 수입과 능력은 증가할 수 없다. 그러나 당신이 보다 복잡한 일을 처리하고 더 효율적인 방안을 제시할 수 있게 된다면, 당신의 가치는 점점 '올라갈' 수 있다.

이게 바로 초기에 맡은 일에 머물러서는 안 된다고 모두에게 강조하는 이유다. 당신이 좋은 관리자가 된다는 의미는 자신의 시간과 노동력을 절약할 수 있다는 뜻이다. 동시에 당신은 지도를 통해 그 팀의 가치와 영업 실적을 높일 수 있다. 그렇게 되면 당신의 수익도 자연스레 증가하게 될 것이다.

우리는 영리하게 일하는 방법을 알아야 한다. 즉, 자신의 노동을 다른 사람들보다 10배, 100배 효과적으로 활용할 수 있어야 한다는 뜻이다. 그러면 수입은 증가하게 되고, 직장에서 쌓은 경험이 이직할 때 '높은 값'을 하며, 모두가 탐내는 인재가 될 수 있다. 능력 있는 자는 절대로 잊히지 않는다. 혈혈단신으로 퉁이統一그룹을 일궈낸 쉬충런徐重仁이 이 회사를 떠나자 수많은 기업에서 그에게 러브콜을 보냈던 사례를 생각해보자. 참고로 그는 그 뒤 첸롄全聯마트를 이끌었다.

꼭 기억하라. 당신은 타인을 위해서 일하지 않는다. 오로지 자신을 위해서 일한다. 모든 노력과 투자는 당신의 경쟁력을 높인다. 절대, 단지 생계를 위해 관심도 흥미도 없는 일을 선택하지 말라. 그리고 악덕 사장을 만났을 때 '마음대로 일하기'가 가장 통쾌한 보복이라고 여겨서도 안 된다. 일은 생계를 위한 것뿐만 아니라 한 인간의 가치관과 존재감을 드러내는 것이다. 만약 당신이 직장을 자신의 사업을 위해 가치 있는 과정으로 설정하고 싶다면, 반드시 최선을 다해 한 걸음 한 걸음 나아가야 한다. 그렇게 하면 결국 당신은 마음속에서 갈망했던 그 위치로 올라갈 수 있을 것이다. 올라가게 될 것이다.

달인의 팁: 워킹홀리데이는 그냥 쉬면서 일하는 게 아니다. 당신이 현재 하는 일이 그저 생계를 위한 단순노동이 되지 않도록 하려면, 일을 시작할 때부터 이 일을 통해 자신의 수준을 높이고 시야를 넓힌다고 결심하라. 그러면 당신은 소득뿐 아니라 경험과 더 좋은 일자리를 얻을 수 있게 된다.

chapter 2
네 번의 낙방으로
노력의 진가를 깨닫다

좌절과 시험은
실력을 배양해내는 비옥한 땅이다

청궁成功고등학교에 재학할 때 나는 줄곧 5등 정도의 성적을 유지했다. 연합고사 전의 몇 차례 모의고사에서 전교 10등권에 든 적도 있었다. 그래서 부모님, 선생님, 그리고 나 스스로도 당연히 타이완台灣대학교에 진학할 것이라 여겼다. 그때는 논술로 입학하는 대입제도가 갓 시행될 때였다. 선생님은 내게 논술전형으로 정즈政治대학교 신문방송학과 지원을 권유했지만 나는 일언지하에 거부했다. 왜냐하면 나는 당시 사회적 분위기에 흠뻑 젖어 '두각을 드러내는 인물'이 되기 위해서는 법학과, 그것도 타이완대학교 법학과에 진학해야 한다고 굳게 믿었기 때문이다.

당시 총통이던 마잉주馬英九와 전임 총통인 천수이볜陳水扁, 국제법 전문 변호사 천장원陳長文 등 대만 정계에서 유망한 사람들은 모두 타이완대학교 법학과 출신이었다. 나는 마음속으로 타이완대학교 법학과에 진학하면 '그들과 같은 인물'로 클 수 있고 어떤 영역에서든 두각을 드러낼 것이라고 생각했다. 요술로 바람을 일으키거나 비를 내리게 할 수는 없을지라도, 전문성을 지닌 변호사가 되어 높은 사회적 지위와 모든 이들이 부러워하는 수입을 가진 인물이 될 수 있다는 생각이었다. 그래서 나는 당연히 1순위로 법학과에 지원했다. 만일 타이완대학교 법학과에 합격하지 못하더라도 정즈대학교 법학과는 너끈하게 합격하리라 판단했으니까.

하지만 예상하지 못한 일이 벌어졌다. 연합고사를 완전 망쳐버린 것이다. 그해 수학 문제는 유난히 어려웠다. 수학에 약했던 나는 보기 좋게 약점을 찔려버린 셈이었다. 게다가 이전 모의고사에서 쉽게 풀어냈던 선다형 문제를, 연합고사에서는 몇 개나 놓쳐버렸다. 쉬운 문제까지 연거푸 틀리면서 점수가 깎이다 보니 '양쯔강이 동으로 흘러 영원히 돌아오지 않는' 것처럼 돌이킬 수 없는 지경에 이르게 됐다. 결국 나는 상상조차 하지 않았던 낮은 점수를 받고야 말았다. 물론 사립대학교 법학과 정도는 진학할 수 있는 점수였지만, 당시 집의 경제적 상황도 여유롭지 않았고 나 역시 내키지 않았다. 그래서 나는 입학 가능한 공립대학교에 진학한 후 다시 법학과로 편입하는 우회로를 찾았고, 높지 않은 점수로 정즈대학교 철학과에 입학 원서를 넣었다.

정즈대학교 철학과 새내기 시절의 나는 여러모로 고달팠다. 매일 비분강개한 마음으로 등교했고, 동서철학사, 논리학, 윤리학 등의 과목을 들을 때면 '이런 것들은 전혀 실용적이지 않은데 내가 취업이나 할 수 있을까' 하는 생각이 가득했다. 수업이 끝나면 나는 도서관으로 직행했다. 편입시험 참고서를 죽도록 파고들었다. 이렇게 1년을 보내면 편입시험을 통해 타이완대학교로 순조롭게 편입할 수 있으리라 기대했던 것이다. 하지만 나는 정즈대학 공공행정학과로의 전과 시험도 통과하지 못했고 정치학과로의 편입시험과 타이완대학교 정치학과 편입시험 모두 떨어졌다. 1년 동안의 노력이 물거품이 됐다. 심지어 그해 있었던 연합고사마저 거나하게 망쳐버렸다. 카운터펀치를 연속으로 네 번이나 맞아버린 것이다.

인생에 헛된 노력이란 없고,
모든 노력은 결국 보상 받는다

이 즈음에서 여러분들이 궁금해할지도 모르겠다. 앞에서 나는 법학과를 가고 싶다고 말했는데 편입시험에서는 법학과를 최우선으로 지원하지 않았으니까. 당시 나는 이미 알고 있었다. 편입을 하든 전과를 하든 법학과를 지원할 때 겨루어야 하는 경쟁자들은 대부분 강자 중에 강자들이라는 사실을. 그리고 나는 정치학과에도 관심이 있었으니까, 법학과에서 비해 비교적 성적이 낮은 학과에 지원하는 것이 합격할 가능성이 더 높다는 계산에 따라 정치학과를 먼저 지원했다. 그리고 정치학과를 졸업하면 국회에 들어가 정치인 비서가 되거나 공무원 시험에 합격하기도 용이하므로 비교적 순탄한 삶을 꾸려갈 수 있다는 계산이었다. 대학 4년 동안 공무원 시험 관련 과목을 배우게 되니 이 또한 다른 경쟁자에 비해 유리한 조건을 확보하는 셈이었다.

지금 돌이켜 보면 애초에 나는 법률에 관심조차 없었다. 그냥 사회적 분위기와 일반적인 교육에 영향을 받았을 뿐이다. 변호사가 되거나 법조계에서 일하면 높은 사회적 지위와 수입을 보장받을 수 있다는 기대 때문에 법학을 전공하고 관련 직업을 갖고자 했던 것이다. 법 쪽에 내 관심과 자질이 있었던 건 아니었다. 반면 입학 초기 내가 줄곧 비웃었던, 세상 사람들에게 비전 없는 전공으로 인식되며 직장 구하기도 힘든 철학과는 내게 자유로운 학풍을 제공했고 학업 스트레스도 벗어날 수 있게 해줬다. 철학과가 제공한 많은 자유 시간을 나는 잘 활용했다. 이 시기 나는 교내외 다양한 활동에 참여하며 수려한 언변, 전략 수립, 협상과 관리 등 각종 능력을 갖출 수 있었다.

나는 철학과 수업들을 '쓸모없다'고 단정한 일을 가장 후회했다. 훗날 국비장학생에 선발돼 미국 대학원에서 박사과정에 들어간 후 공부한 필수과정들은 모두 철학 관련 내용들이었다. 모든 문과 박사생들은 사회학, 인류학, 역사학, 문화연구 등의 영역에서 이론을 깊이 연구한 이후 자신의 관심사를 심화시켰다. 이때 관련 이론들은 모두 내가 일찍이 공부했던 철학 이론과 깊이 관련된 것들이었다. 정즈대학교에서 철학을 등한시했던 나는 미국에서 더 힘들게 철학을 공부하게 된 것이다. 나는 이때 다시 찾아온 철학 공부에 괴로워하고 고민하며, 철학을 등한시했던 대학 시절을 후회했다.

이 경험을 통해 나는 교훈 하나를 얻었다. '인생에 헛된 노력은 없다'는 것이다. 어떤 시기에 어떤 일과 부닥치게 되더라도, 생경한 공부나 시험에서의 좌절 그 무엇 앞에서도 당신이 최선을 다해 직면하고 극복하고자 결심해라. 당장은 원하는 결과를 얻지 못하더라도 그 노력은 삶의 어느 지점에서 반드시 보상 받을 것이다.

나는 준비했던 편입시험 대부분에서 실패했다. 하지만 모든 편입시험의 공통 과목인 국어, 영어, 역사지리, 헌법 등은 이후 내가 치른 장교시험이나 국비유학시험의 필수과목이었다. 결국 실패한 편입시험 과정에서 나는 선행학습을 한 셈이다. 덕분에 보다 많은 시간을 전문 과목에 투자할 수 있었고 그 결과 모든 시험에 합격했다. 또한 졸업 후 진로에 대한 불안 때문에 대학 시절 내내 교내외 다양한 교류 활동에 참여하고 리더를 맡아 학교 간의 활동을 추진하기도 했다. 이후 나는 기성 교육체계 안에서 교직을 맡기도 했지만 사기업에서 일한 경험은 없었다. 하지만 이 시기 키운 언변, 외국어, 마케팅 능력은 창업할 때 큰 도움을 줬다. 그뿐 아니라 내가 아시아의 다국어 기자 간담회 사회자를 맡고, 작가가 되고, 강연가로 거듭나는 데 가장 중요한 자양분이 됐다.

나는 믿는다. 인생에 헛된 노력이란 없으며, 모든 노력과 피와 땀은 당신의 강력한 자산이 될 것이란 걸. 직장에서는 더하다. 문서 프린트나 커피 타기, 우편물 발송 및 고객 응대 같은 '시시콜콜'한 일들을 '시시콜콜'하게 여기지 말아야 한다. 당신이 최선을 다한다면 이 일들에서도 기회가 생길 것이며 당신을 부각시킬 수도 있다.

랜디스 타이베이 호텔의 총재 옌창슈嚴長壽 선생은 아메리칸익스프레스 타이완지사에서 잡부로 일을 시작했다. 그는 책임감이 강했고 매일 반듯하게 양복을 차려입었으며, 남들보다 한 시간 일찍 사무실로 출근했다. 그는 매일 자신의 업무를 미리 준비하고 체크해서 업무 효율을 제고했다. 여행 가이드를 할 때는 미리 모든 여정을 직접 사전 테스트하며 완벽하게 준비했다. 해외 여행팀의 하루 일정이 마무리된 후 모두가 숙소에서 휴식할 때 그는 두세 시간을 써가며 이튿날 일정의 주요 포인트를 공부했다. 그래서 고객들에게 현지의 풍경, 역사, 인문지리에 대해 더 진한 체험을 제공할 수 있었다. 그는 이렇게 남들보다 조금 더 일하고 배우며 고객과 회사를 위해 노력하며 살았다. 그 덕에 상사의 신임을 얻을 수 있었고 승승장구하게 된 것이다. 그는 아메리칸익스프레스의 CEO를 역임했고, 이후 랜디스 타이베이 호텔을 건설하여 운영했다. 지금은 타이둥台東 지역에서 공익 사업을 하며 많은 청년들의 존경받는 인사가 됐다.

그러니 하늘 아래 '하찮은 일' 따위는 없다. 오히려 이 작은 일들이야말로 가장 소중한 자양분이다. 작은 일 하나를 제대로 해나가면서 그 일의 전문가가 되고, 그러면서 더 큰일들이 시나브로 당신에게 맡겨지는 것이다.

TIP

달인의 팁: 인생에는 헛된 노력이란 없다. 모든 순간과 모든 일에 최대한 노력하고 깊숙하게 고민하라. 성공과 실패를 넘어 모두 당신의 실력으로 쌓여갈 것이다.

방향, 개척해내는 것

나는 대학 때 줄곧 법학과 편입을 꿈꾸면서도 동시에 우선적으로 공무원 시험을 준비했다. 하지만 나는 법학이나 공무원 쪽에 흥미를 가진 것은 아니었다. 그저 졸업 후 높은 연봉(변호사) 혹은 안정된 환경(공무원)을 얻고 싶었을 뿐이다. 여기서 나는 모두 실패했다. 수차례의 편입시험까지도. 결국 이때부터 3년이 지난 후, 숙명처럼 철학과 졸업장을 갖고서 사회에 진출했다. 내가 어디로 가야 할지, 어떤 직업을 가져야 할지 알지 못했던 젊은 세월 동안 나는 각종 활동에 참가하고 대회를 조직하며 내 실력을 만들고자 결심했었다. 이 과정에서 내 미래의 방향을 찾을 수 있을 거라는 환상과 함께.

그 결과 나는 내 삶의 방향을 찾을 수 있었다. 비록 이 방향 역시 29세에 딴 박사학위 때문에 '스스로 박살'나긴 했지만. 앞에서 나는 '인생에 헛된 노력이란 없다'고 강조했다. 실력의 축적은 언제나 나를 돕고 보호하며, 용기와 능력을 갖추도록 해줬다. 덕분에 나는 닥쳐오는 도전과 난관을 헤쳐 나갈 수 있었다.

　대학 때 내게 가장 큰 영향을 줬던 여러 행사와 경험들이 지금도 생생하게 떠오른다. 2학년 1학기, 나는 철학과에서 졸업하기로 마음을 고쳐먹고 몇 가지 결심을 했다. 여러 활동에 참가하고 리더를 맡아 실력을 쌓자. 그래서 직업을 찾을 때 나름대로 '화려한 스펙'을 갖고서 나를 채용하도록 설득하겠다 같은. 그래서 용기를 냈다. 교내 대학 가요제 '골든멜로디'의 스태프로 참가한 것이다. 당시 나는 굉장히 불안한 상태였다. 다시 실패해서 상처를 받게 될까 봐 걱정했다. 그해 가요제를 책임졌던 주최자는 신문방송학과의 에이미였다. 당시 그녀는 자신과 같은 미디어학부의 선후배보다 다른 학과의 친구들을 필요로 했다. 가령 경영학과나 법학과, 나 같은 철학과의 학생이 그녀에겐 필요한 친구였다.

　나는 진지하게 면접에 임해 합격했다. 내심 기뻤다. 하지만 홍보팀에 들어가 접대와 연락을 담당하리라 여겼던 기대와는 달리 총무팀에 배치됐다. 총무팀의 일이라는 건 쉽게 말해 이런저런 잡일이다. 무대 장식품, 물품구매, 준결승에서 결승전까지의 도시락 구매 등이 모두 나의 책임이었다. 좋았던 점은 내가 직접 무대에 오를 기회가 많았다는 거다. 왜 무대에 오르냐고? 경연이 벌어질 때면 모든 참가자들보다 더 일찍 무대에 올라 그들을 대신해 마이크의 각도를 조절해야 하니까!

　그렇다. 내가 처음 맡았던 일은 이렇게 보잘것없고 중요하지 않은 작은 일이었다. 그럼에도 나는 정말, 정말 열심히 일했다. 내 업무들은 매우 사사로운 일이었지만 오히려 전체 과정을 매우 세세하게 이해할 수 있도록 도와주었다. 동시에 함께 일한 에이미 선배와도 친해졌다. 선배는 시종일관 나를 격려해줬다. 그해 가요제 스태프들은 축제가 끝나면서 동시에 모임이 해산되는 것을 안타까워했다. 이 과정에서 나는 동아리를 창단해서 전문적으로 교내 외 가요제를 주최하기로 결심했다. '정즈대학 대중가요 동아리'를 창단하게 된 것이다.

다양한 활동과 아르바이트는 내 이력을 더 빛나게 한다

골든멜로디 행사 이후 나는 자신감이 충만해졌다. 내게 어떤 일이 주어진다 하여도 주머니를 뚫고 나오는 송곳이 될 자신이 생겼다. 덕분에 '비전 없는 철학과'라는 마음의 굴레에서도 벗어났다. 타인에게 내 실력을 보여주며 다양한 행사에 열정적으로 참가하는 여정이 본격적으로 시작된 것이다. 이후 국제 사무 세미나에 참가하며 탁월한 외국어 실력을 자랑하는 다른 학교 친구들과 교류했다. 이때 대학생이면서도 이미 영어, 일본어, 프랑스어가 유창한 선배를 만났는데 나는 그를 멘토로 삼을 수 있었다. 나는 마음속으로 '선배, 어느 날 내가 선배처럼 3개 국어를 할 수 있는 날이 오길 상상합니다'라고 줄곧 이야기했다. 이런 생각에 기대 여러 해 노력한 덕분에 나 또한 영어, 일본어, 한국어를 유창하게 할 수 있게 됐다.

국제 사무 세미나가 끝난 후, 나는 '해외 화예華裔 청년 귀국 세미나'의 단원이 됐다. 이때 나는 천 명 넘게 참석하는 행사를 조직하는 능력을 훈련할 수 있었다. 동시에 세미나를 통해 영어 듣기와 말하기의 기초를 쌓았다. 이후 더 노력해서 '중화민국 청년 우호 방문단' 단원으로 뽑혀 뽑혀 오스트리아, 독일, 프랑스, 영국, 네덜란드, 벨기에, 룩셈부르크 등의 7개국을 다녀올 수 있었다. 이때 무대 위 카리스마와 소통 및 표현 능력을 훈련하고 국제적인 시야를 넓혔다. 또한 '전국 대학생 연설 대회'에서 2년 연속 1등을 차지했다. 이 경험 덕에 나는 '연설은 내가 최고다'라는 자신감을 가질 수 있었다. 이 자신감이 바로 미국이나 한국 같은 외국에서 모국어가 아닌 언어로도 강단 위에서 능력을 발휘하며 박수를 받을 수 있게 해준 원동력이었다.

아르바이트를 할 때도 나는 그냥 '노동력'만 제공하는 일은 피했다. 외국어 실력을 키우고 소통의 기술과 기획 능력을 훈련할 수 있는 일을 골라 했다. 나는 매일 정규 교과과정 외 활동 공고를 주시했고 적극적으로 공공관련 기업에 연락했다. 그래서 '세계 원주민 대회', '세계 치과의사 대회' 등의 국제활동에 참가해 가이드와 번역을 담당하며 용돈을 벌고 영어실력을 증진시켰다. 동시에 각국에서 온 친구들을 사귀며 타이완 곳곳의 관광지를 몇 번이고 돌아볼 수 있었다.

상술한 일련의 경력들은 내 능력을 발전시켰을 뿐 아니라 내 이력도 '보다 멋지게' 만들었다. 당시의 나는 충만한 자신감에 가득 차 있었다. 장교 시험에 불합격하거나 국가 장학금을 받지 못해도 병역 후 사회로 바로 진출할 수 있다고 여겼다. 대기업에 취직해 공공 관련 업무를 맡으리라 믿어 의심치 않았다. 왜냐하면 나는 이미 '준비된' 인재였기 때문이다. 그러나 인생이란 참 재미있는 게, 당시 이러한 능력을 갖추게 됨으로써, 더 이상 어떤 회사에 입사해서 일을 할 필요가 없게 되었다. 나는 스스로가 할 수 있는 일을 끊임없이 찾았다. 최근 나는 대학 강의를 기지로 삼고 사회자 및 글로벌 수준의 자기계발 강사라는 꿈을 키우고 있다.

만약 당신이 대학생이라면, 현재의 전공으로 취업을 할 수 있을지 고민하고 있을 것이다. 주의해야 할 것은 당신이 전공에서 두각을 드러내고 싶어도, 하느님은 당신을 가련하게 여기고 직업을 주지 않을 것이다. 더 나아가 하느님은 당신에게 명확한 방향도 제시하지 않는다. 소위 말하는 **삶의 방향은 당신 스스로가 개척하고 걸어가야만 점차 보일 것이다.** 스스로 모색하는 과정 속에서 당신은 무슨 일이든지 진심을 다해 최선을 다해야 하며, 타인이 엄두도 내지 못할 실력을 쌓으면서 부단하게 스스로를 반성하고, 이 모든 과정을 인생의 가장 빛나는 경험으로 변화시켜야 한다는 사실을 반드시 기억하길. 그 순간 당신에게 딱 맞는 이상적인 직업이 보일 것이다. 설령 조금 늦게 보인다 하더라도, 당신이 그간 쌓아온 실력으로 당신이 좋아하는 직업을 직접 만들어낼 수 있을 것이다!

달인의 팁: 방향이 없다고? 미래에 어떻게 될 지 모르겠다고? 모두 매우 정상적인 것이다! 흔히 말하는 방향이나 미래는 그냥 보여지는 게 아니다. 쉽고 자연스럽게 드러나지 않는다. 어마어마하게 힘든 고초를 겪는다고 해서 꼭 나타나는 것도 아니다. 아무려면 어떤가. 스스로 관심을 가지고 즐겁게 임하는 것, 그게 아마도 당신이 걸어가고자 하는 삶과 목표의 가장 좋은 출발점일 것이다.

노력은 기본,
성공은 파고드는 것에서부터

많은 이들이 내 전공이 철학이라는 것에 관심을 보인다. 철학과 졸업생이 어떻게 무도舞蹈의 역사와 이론으로 국비장학생에 선발됐고 마침내 박사학위까지 취득했는지가 궁금한 것이다. 내 행보가 생뚱맞게 느껴지겠지만 사실은 전혀 그렇지 않다.

나는 대학 때 온갖 활동으로 내 미래를 찾으려 노력했다. 내 이력을 돋보이게 한 숱한 활동경력은 모두 격렬한 경쟁을 통과했어야 하는 것이었다. 그때 나는 '노력은 기본이고 성공은 파고들어야 한다'는 진리를 깨달았다. 노력의 중요성은 당연한 것이며 모두가 알고 있는 것이다. 어떤 기회를 잡으려면 반드시 다른 이들과는 다른 방법과 진행이 필요하다. 내가 국비장학생으로 선발된 것이 내 주장에 대한 가장 적절한 증거일 것이다.

사실 내 형도 국비장학생 출신이다. 그는 타이완대학교 물리학과 졸업 후 병역 의무를 이행하던 중 국비장학생으로 뽑혔다. 형의 국비장학생 신청 과목은 나보다 더 특이하다. 바로 '운동훈련법'. 자, 이제 여러분은 이 이야기에 대해 약간 감을 잡았을 것이다. 다들 알다시피 국비장학생에 선발되면 상당히 좋은 복지와 지원이 제공된다. 각 분야마다 수백 명의 우수한 학생들이 경쟁한다. 그럴듯한 이름 혹은 좋은 직업을 보장하는 과목의 경우 더 극렬한 경쟁을 뚫어야 한다. 그러나 '운동훈렵법'은 '운동'이란 단어가 들어가 있다. 그래서 이 과목은 전문 운동인들에게 해당되는 과목이라 지레짐작하고 미래에 큰 도움이 되지 않는다고 단정해버리는 것이다.

그로부터 10여 년이 지난 오늘, NBA의 농구스타 린슈하오^{林書豪}가 세계적 스타의 반열에 올랐고, 대만의 야구 스타 왕젠민^{王建民}과 양다이깡^{陽岱鋼}은 국제 무대에서 널리 알려진 인물이 됐다. 또한 스포츠와 예능 엔터테인먼트 산업이 호황 국면에 진입하면서 수많은 기회들이 생겨났다. 결국 '운동훈련법'은 비전 없는 무언가가 아니었다. 형이 운동훈련법 과목으로 국비장학생 선발을 준비할 때, 형의 대다수 경쟁자들은 실제 운동선수들이었다. 당연히 실기 영역에서 그들은 형보다 우수하다. 하지만 국비장학생은 학생을 해외로 보내 연구를 하도록 지원하는 제도였으므로 실기시험 자체가 없고 필기시험 통과만 요구한다. 평생 운동만 한 운동선수들이 어떻게 젠궈^建^國고등학교와 타이완대학교에서 수학한 형을 필기시험에서 이길 수 있겠나? 형은 너무나 쉽게 국비장학생에 선발됐다. 미국으로 건너간 형은 필수 과목인 운동훈련법 외에도 복수과정으로 기계과 수업을 청강했다.

그는 미시간대학교 앤아버 캠퍼스 대학원을 두 개의 학위(운동과

와 기계과)를 갖고 졸업하고 캘리포니아대학교 데이비스 캠퍼스에서 박사 학위를 취득했다. 그는 역학, 자동화 및 최적화 관련 기술들을 도입해 수영 선수의 동작을 연구했고 인공사지와 운동보조기구의 발전에도 기여할 수 있었다. 이러한 경력을 가진 그가 대만에 돌아오자 무수한 대학들이 그를 초빙하려 했다. 그는 타이난台南 청궁成功 대학을 선택하고 연구 공간으로 삼았다. 누가 운동에 대해 공부하면 직장 구하기가 힘들다고 했던가? 형은 운동을 공부했기 때문에 이토록 많은 선택지를 확보할 수 있었던 것이다.

나는 형의 성공 사례에 큰 영향을 받고 따라 하려 했다. 형처럼 '운동관리' 항목을 지원하려 한 것이다. 하지만 공교롭게도 내가 국비장학생 시험을 치르던 해 규정이 바뀌었다. 2, 3유형 대학 졸업생에게만 시험 응시자격이 주어지는 바람에 나와 같은 1유형 문과계열 졸업생은 응시할 수 없게 된 것이다. 이 무렵 나는 우연히 시험 응시 팸플릿 마지막 페이지에서 '무용역사와 무용이론'이란 항목을 발견했다. 게다가 이 항목은 '미국 유학'을 전제하고 있었다. 나는 그 순간 유레카를 외쳤다! 내 생각은 간단했다. 국비장학생은 실기 없이 필기만 보면 된다. '어디서 무엇을 하든 성과를 거둘 것'이라는 원칙을 떠올렸다. 아무 생각 없이 그러려니 하면서 동서무용역사와 예술개론 및 국어, 영어, 역사, 지리, 헌법 등의 항목에 지원했다면 나는 합격할 수 없을 것이다. 나는 당시 청년방문단에 참가하면서 몇 분의 무용학과 선생님들과 안면을 튼 상태였다. 무용대학원에 어떻게 입학하는지 알고 있었던 것이다. 또한 학교에서 실제로는 역사학, 인류학 및 사회학을 먼저 배운 다음 차후에 이러한 이론을 이용해서 다시 무용과 인문사회적 관계를 분석한다는 사실도 인지하고 있었다. 그러면 역사학이나 인문학 혹은 사회학을 자비유학으로 배우는 것과 매한가지 아니겠는가? 내가 광고홍보나 관리학과에 관심이 있으니 무용학으로 국비장학생에 선발돼 출국한 다음, 형처럼 다양한 과목을 이수하고 복수학위를 받으면 될 것 아닌가! 나는 이런 생각으로 무용학 항목에 지원해 큰 어려움 없이 국비장학생에 선발됐다. 국비장학생에게 지원되는 1년치의 학비와 생활비가 대략 1백만 대만달러(한화 4000만 원)라고 가정해보자. 나와 형을 합치면 6년, 즉 우리 가족은 국가로부터 600만 대만달러(한화 2억 4천만 원)을 '뽑아 먹은' 셈이다! 그야말로 최고의 투자 회수가 아닌가?

필기 시험 후 면접장에서 재미난 일이 하나 생겼다. 사실 필기 시험을 준비하며 마음 한편에는 불안함이 스멀스멀 올라왔다. 나는 무용학과 학생이 아니다. 애써 돈을 들여 동서무용역사와 예술개론 등 관련 서적을 구매한 상태다. 그런데 문제를 내는 교수가 팔은 안으로 굽는다고 관련 '전공 응시자들에게 시험 문제를 유출하면 어떡하지?' '헛고생만 하는 거 아닐까?' 같은 걱정이었다. 결론적으로 내 우려는 기우였다. 대만의 국비장학생 시험, 그리고 공무원 시험 같은 국가고시는 굉장히 공명정대했다. 당신 역시 마찬가지다. 열심히 준비한다면, 다른 이들과 같은 출발선 위에서 경쟁할 수 있다.

국비장학생 시험은 두 단계다. 필기시험을 통과하면 구술면접을 본다. 내가 시험을 보던 그해 영어 시험은 굉장히 어려웠다. 그러나 무용 역사와 무용이론 과목을 통과한 응시자가 나뿐이라 면접까지 올라갈 수 있었던 것 같다. 나는 또 한 번 걱정했다. 면접관들이 '이 철학과 녀석이 우리 애들을 밀어낸 거야?' '우리 애들의 티오를 뺏아간 거야?'라는 생각들. 심지어는 그들이 화가 나서 나를 합격시키느니 차라리 이 항목을 없애버리겠다고 결심하면 어떡할지 걱정되기도 했다.

면접장의 문을 열고 들어서자 3명의 면접관이 눈에 들어왔다. 어라, 그중 두 명은 내가 알고 있는 사람들이었다. 한 명은 내가 청년방문단 활동할 때의 지도교사였고, 다른 한 명은 우리를 데리고 출국해 공연방문을 했던 교육부 관료였다. 이러니 내가 면접을 망칠 리가 있겠는가? 면접이 끝나자 면접관 한 명이 나를 불러세우고는 "쾅위, 청년방문단의 정신! 화이팅!"이라고 말해준 게 아직도 생생하게 기억난다. 그 순간 나는 합격을 예감했고 이 예감은 적중했다. 나는 국가가 제공하는 장학금, 가족의 기대, 나의 희망 등을 모두 얼싸안고 미국 유학길에 올라 인생의 새로운 지평과 마주했다.

그 시절을 되돌아보면서 깊이 새긴 교훈은 다음과 같다. 노력은 당연한 것이다. 몇 번 찾아오지 않는 기회와 마주하면, 당신은 반드시 파고들어야 한다. 당신이 가진 모든 수단과 자원, 과거의 성과, 임기응변과 극대화된 열정을 결합해 자신을 드러내야 한다. 다른 이들이 '당신이 아니면 안 돼'라고 생각할 수 있게 만들어야 한다는 것이다. 동시에 인맥을 쌓고 관리하는 것도 매우 중요하다. 돌이켜보면 아찔하기도 하다. 내가 청년방문단 활동을 열심히 하지 않았다면, 선배들과 좋은 관계를 쌓지 않았다면, 무용과 사회적 삶의 관계를 심각하게 고민하지 않았다면⋯⋯. 면접 때 그토록 유창하게 말할 수 없었을 것이며 나에 대한 면접관의 긍정적 평가도 받기 힘들었을 것이다. 그렇다. 우리의 매 순간은 모두 중요하다. 과거는 지금과 다르지만, 현재의 일거수일투족이 종종 당신의 미래를 결정한다. 매번, 매 순간 제대로 걸어가야만 미래도 밝아질 것이다.

TIP

달인의 팁: 외국에서 공부하거나 일을 하고 싶다면 매우 많은 방법을 찾을 수 있다. 학술 방면으로는 교육부 장학금과 일본교류기금회 등을 찾아보라. 사기업에서 일하고 싶다면 글로벌 기업의 홈페이지에서 인력 모집 공고를 직접 확인하라. 만약 당신이 몇 년 동안 일한 유경력자라면 104 혹은 People Search, 이커藝珂 등의 글로벌 구인구직 회사와 접촉해라. 전문 상담가가 당신을 도와줄 것이다. 수수료는 새 직장의 첫 달 월급 정도니 나름 합리적이다. 해외에서 일하는 것은 일단 시작이 중요하다. 시작을 하고 실력을 갖춰 나가면 연봉도 비교적 쉽게 오른다.

좋은 인상과 관계가
더 많은 기회를 제공한다

미국에서 몇 해가 지난 후 나는 기존의 내 생각에서 많은 착오가 있었음을 발견하게 됐다. 특히 학교에 원서를 내는 것과 같은 일 말이다. 당신은 이런 말을 들어봤는지 모르겠다. 만약 정말 입학하고 싶은 학교가 있다고 해보자. 다른 조건에는 다 부합하는 상황이다. 이때 학교 측에서 "조교 장학금을 신청하려 하나요?"라고 묻는다면, 당신은 반드시 "신청하지 않습니다."라고 답해야 한다. 당신이 "예"라고 답하면 학교 입장에서는 당신의 입학이 학비 수입이 아닌 추가 비용이 되기 때문이다. 그래서 학교는 당신의 입학을 고민하게 될 것이고 결국 불합격을 통보할 수 있다.

하지만 위 내용은 사실과 달랐다! 미국의 경우, 학교가 유학생들에게 조교 장학금 신청 여부를 물어보는 것은 공식적 절차에 불과하며, 당신의 대답 역시 입학의 결정적 요소가 아니다. 만약 장학금

이 반드시 필요하면 주저하지 말고 그들에게 말하라. 학교 입장에서 당신이 놓치기 아까운 학생 혹은 잠재력 있는 사람이라면 그들은 회의를 거쳐 장학금을 제공할 것이다. 그들의 예산이 부족하거나 혹은 장학금이 더 적합한 학생이 있다고 판단해도, 장학금만 지급하지 않을 뿐 당신을 대학원생으로 입학시키는 데는 아무 문제가 없다. 즉 당신이 장학금을 요구했다는 이유로 불합격하는 일은 발생하지 않는다는 뜻이다.

장학금을 신청하려면 다음과 같은 요건이 충족돼야 한다. 토플, GRE, GMAT에서 모두 높은 점수를 받아야 하고 우수한 성적과 학점이 있어야 한다. 또한 충실한 추천서와 함께 강력한 의지와 잠재력이 두드러지는 자기소개서도 필요하다. 학교는 이런 것들을 주목한다. 조교 장학금을 수령한 학생들을 보면 바로 느낄 수 있다. 이들은 해당 학과의 교육과 연구에 도움이 되는 인재들이다. 요약하면 당신의 기본적인 역량이 곧 대학원 입학의 관건인 것이다.

대학원 입학을 고민할 때 당신은 지원 학교와 전공을 모색하게 될 것이다. 동시에 입학 지원 원서 구성 요소에 반드시 포함돼 있을 연구계획서를 적어야 한다. 먼저 해당 학과 주요 교수들의 저서와 논문을 읽어라. 그리고 연구계획서에 당신이 어떤 저서와 논문에서 지식을 획득했는지를 표기하라. 당신의 의지를 더 선명하게 전달하고 싶다면 원서를 보낼 때 이 학과의 교수 몇 명에게 동시에 메일을 보내는 것도 좋은 방법이 될 수 있다.

이렇게 하는 당신을 보며 해당 학과의 입시 담당 교수들은 당신의 열정을 높게 평가할 수 있다. 혹은 당신과 이메일을 주고받은 교수 중 입시를 담당하는 평의회 위원이 있을 수도 있다. 이러면 당신의 입학 가능성이 높아진다. 내가 미국에서 공부할 때 만난 싱가폴 친구 로레타가 이 방법의 산증인이다. 자신의 필리핀 모교에서 교직을 맡았던 교수에게 연락을 해 순탄하게 미국 대학원으로 진학, 결국 그 교수의 연구실에 들어갔다. 미국인이 '꽌시'를 모른다고 생각하지 마라. '좋은 꽌시'는 세계 어디서든 통한다. 이는 특별한 우정과 기회, 협력의 기초다.

스스로 움직여야만 자신을 드러낼 수 있다

대학원 진학 때 쓰는 기술들을 구직에서도 활용해보자. 마찬가지로 짭짤한 효과를 볼 수 있다. 당신이 지금 아수스^{ASUS}에 입사하고 싶다고 가정해보자. 어떤 부서를 지망하든 모두 아래에 나올 몇 가지의 절차를 진행하면 된다.

첫째, 최선을 다해 자신의 경력을 아름답게 만들어라. 이때는 학교의 취업지원을 활용해도 된다. 경험이 풍부한 선배들이 당신을 도와줄 것이다. 이들은 당신의 경력 하나하나를 지원 업체와 밀접하게 연결시켜서 당신을 지원 부서와 업무의 요구에 적합한 사람으로 보이게 도와준다. 가령 회계부서는 냉정함과 세심함을 요구할 것이고, 실무부서는 활력 넘치는 열정과 기민한 임기응변을 필요로 할 것이다. 당신의 가치관과 지나온 경력이 이 요구들에 맞아떨어질 때, 입사 가능성이 보다 높아지는 건 당연하다.

둘째, 인터넷으로 아수스 창립자와 인사담당자, 지원 부서의 부서장을 찾아라. 구글링을 통해 그들의 발언과 인터뷰, 강연을 찾아

내야 한다. 최고의 방법은 전화를 걸어 비서에게 그들의 공개강연 일정, 혹은 『위안졘遠見』, 『톈샤자즈天下雜誌』, 『궁상스바오工商時報』 등의 지면에서 그들이 청년들과 대화를 나누는 논단에 참여하는지를 확인하라. 만일 참여한다면 당신은 바로 참가 신청을 한 후 해당 강연에서 좋은 질문 등으로 인상을 남길 것을 권한다. 강연자와 교감을 하고 그들의 주의를 이끈다면 더욱 효과적! 강연이 끝난 후에는 명함을 교환해서 인상을 남겨라. 그러면 당신이 아수스에 취업하고자 할 때 면접관이 돼 있을 그들은 이미 당신에게 깊은 인상을 받은 상태일 것이다. 이렇게 당신의 취업 가능성은 보다 더 높아진다.

셋째, 당신은 면접 때 회사의 배경과 상품, 미래비전 등을 자기 소개에 녹여내야 한다. 면접관들이 무엇을 선호하는지 사람들은 잘 모른다. 면접관들은 '다른 질문이 있는가'라는 질문에 면접자들이 적극적으로 호응하는 걸 선호하고 바보처럼 '일문일답'에 그치는 자들을 꺼린다. 만약 면접관들이 회사 지원 사유를 물어온다면 나는, 나의 경력을 열거하며 업무 역량을 입증하는 것뿐만 아니라 이미 섭렵한 인터뷰와 강연에서 해당 회사의 창업자 및 면전의 면접관이 언급한 미래 발전 방향을 특정할 것이다. 내 열정의 방향과 회사의 미래비전이 동일선상에 있으므로 이 부서에 지원해서 나와 회사 모두에게 최대한의 이익을 내고 싶다고 말할 것이다. 또한 스충탕施崇棠 창업자의 인터뷰를 본 후 이 회사가 추구하는 새로움과 변화의 이념에 공감하고, 그 공감을 바탕으로 조금이라도 공헌을 하고 싶다고 덧붙인다면 더욱 좋을 것이다.

이렇게 말할 수 있다면 면접관은 당신을 주목할 것이고 다른 면접자들보다 더 큰 인상을 줄 수 있다. 혹자는 이런 말들을 자기과시 혹은 입에 발린 말을 한다고 꺼릴지 모르겠지만, 이 세계에서 자신을 드러내고 좋은 말을 하는 사람들이 더 잘 살 수 있다는 건 사실이다. 자신을 드러내기 위해 좋은 말을 늘어놓는 게 아니라 적절한 표현과 예찬의 능력을 가진 것이다. 어떤 직장에서도 이런 사람들을 좋아한다. 기회를 한 번 더 붙잡을 수 있는 능력인 것이다. 이런 능력을 가진 사람들을 혐오하기보다는 이 장점을 습득하는 게 훨씬 낫다. 실력이 뒷받침되는 사람이 자신을 더 잘 표현하고 드러내면, 더 쉽게 희망하는 직업을 가질 수 있다. 이는 크게 어려운 일이 아니다.

TIP

달인의 팁: 구태의연한 관념이 직장 생활에서의 발전을 저해한다. '열심히 할수록 다른 사람들의 미움을 받는다' '승진하는 것은 동료를 밟고 가는 것이다' 등등. 이런 이야기들은 직장생활의 치열함을 보여주는 것 같지만, 사실 적절한 방법으로 모두 해결할 수 있는 것이다. 전문성과 예찬, 즉 사내에서 타인이 신뢰하는 역량을 갖춰라. 그러면 이때 형성된 인맥관계가 당신의 직장 생활을 든든하게 지켜줄 방어막이 될 것이다.

chapter 3

유학이 내게 준 깨달음:
세상으로 달려가라

부각을 주저하지 말라,
외국에서 자신을 발견하자

외국에 유학 가서 졸업 전에 인턴을 하거나, 졸업 직후 반년 동안 이곳저곳에 이력서를 넣어 취직한다면 그 나라에 체류할 수 있는 기회가 늘어난다. 위에서 언급했던 중학교 동창 에릭은 석사학위를 받은 후 반년 동안 '하나만 걸려라', '눈높이를 낮추는' 등의 전략을 취했다. 그는 무려 100여 곳의 회사에 자신의 이력서를 보냈다. 최소한의 생활만 가능한 연봉도 감수해가며 비전이 있는 회사에서 일을 시작했다. 그동안의 노력과 일하면서 형성한 인맥을 통해 그는 자신의 능력을 드러내며 점점 높은 곳으로 이직을 했다. 결국 그는 CCTV 분야에서 사업을 시작하며 자신의 길을 걸어가고 있다.

나는 미국에서 창업하고 유명 사립대학에서 1년 동안 교직에 머물 기회가 생겼다. 하지만 대만 교육부의 국비유학생 규정은 학위 취득 후 지원 기간에 따라 대만에 돌아와 몇 년 동안 체류할 것을 요구한다. 그리고 그 무렵 나는 아시아에서 가장 유명한 자기계발 강사 및 다국어 활동 프로그램 사회자가 되고 싶었다. 이런 목표와 여러 상황들로 나는 서둘러 대만에 돌아오게 됐다. 대만과 중화권에 더 많은 기회가 있을 것이므로 미국에서의 교직 자리가 결코 아깝지 않았다.

귀국할 무렵, 마침 미국은 심각한 불경기를 겪고 있었다. 캘리포니아 정부는 모라토리움을 선언했고 당시 주지사 아놀드 슈왈제네거는 공무원 월급도 지불할 수 없는 상황에서 어렵게 정부를 경영하고 있었다. 미국 내 대부분의 업종이 극심한 불황을 겪었지만 나는 미국이란 나라가 곧 경기를 회복할 것이라 생각했다. 미국은 교육과 산업 분야에서 슬럼프를 겪고 있었지만 사상과 자유로운 창조적 분위기는 그 어떤 곳과도 비교할 수 없었다. 이 자원 때문에 전 세계의 우수한 인재들이 미국으로 넘어온다. 얼마가 지나지 않아 보란듯이 애플은 아이폰을 세상에 내놓으며 동종분야의 선두주자인 노키아를 넘어서버렸다. 또한 우리의 휴대폰 사용 문화를 철저하게 변화시키고 전복했다. 그들의 시장 가치는 당시 PC산업을 호령하던 마이크로소프트를 뛰어넘었다.

미국에서 수업을 들으며 적극적인 표현의 중요성을 깨닫다

미국에 갓 도착했을 때 나를 힘들게 한 것은 언어 문제뿐 아니라 수업에서의 토론 방식이었다. 영어에 있어서 나는 예습 복습을 철저히 했다. 하지만 진짜 문제는 수업에서의 토론이었다. 미국에서 아시아 출신 학생의 '예의'는 불리한 요소였다.

보통 아시아 출신 학생들은 다른 사람의 말을 다 들은 뒤에 의견을 말하지만 미국은 다르다. A학생의 말이 다 끝나기도 전에 그 의견에 동의하지 않는 B가 A의 말을 끊고 자신의 주장을 펼친다. B의 의견에 동의하지 않는 C 또는 D는 즉각 그 화제에 끼어든다. 모두 설왕설래하며 의견을 펼치는 것이다. 대만인들의 경우 타인의 이야기에 끼어드는 것을 꺼린다. 적극적으로 의견을 주고받지 않으면 토론에서 말할 기회는 줄어들게 된다. 더 비참한 것은 어쩌다 말할 기회가 생겨도 다른 학생들이 치고 들어와 토론이 일순하고, 당신이 준비했던 내용은 지나간 것이 되고 만다. 빠르게 변화하는 토론 주제에서 뒤처지는 것이다. 당신은 재빠르게 새로운 주장을 만들어내야 한다. 애써 새 주제를 준비해 끄집어내려 하면 이미 전체 토론의 화제는 달라져 있다. 이렇게 토론이 마무리되면 당신은 침묵하게 되고, 교수는 이런 당신을 준비되지 않은 학생 나아가 당신을 수준 낮은 학생으로 여기게 될 것이다.

유학 초기, 나는 이런 분위기에 잘 적응하지 못했다. 3주가 지난 후 지도교수는 나를 연구실로 호출해서 수업 준비 여부를 물어봤다. 수업 때 왜 한 마디도 하지 않느냐는 질문이었다. 그는 교재의 내용으로 질문 몇 개를 내게 던졌고 나는 유창한 답변으로 돌려줬다. 그제서야 교수는 내가 수업 준비는 잘하고 있지만 토론에 적응하지 못했다는 사실을 깨달았다.

이 면담은 나를 괴롭게 만들었다. 나는 '예의'라는 습관을 바꾸기로 결심했다. 미국 대학에서 자신의 의견을 표현하려면 이 방법을 따라야 한다. 먼저 수업이 시작되면 바로 '선방을 때려라.' 먼저 입을 뗀 사람이 이긴다. 알고 있는 모든 것을 이야기하고 토론을 주도하라. 또한 미리 몇 가지 질문을 준비해서 학생들에게 물어가며 진행하라. 그리고 다른 학생의 발언 중 의심스럽거나 동의하지 못하는 부분에 대해서는 곧 바로 'but'이나 'however'를 외치고 자신의 의견을 개진하라. 당신이 이와 같은 방식으로 토론을 준비하고 임기응변에 능해진다면 교수 역시 '아하. 이 학생은 괜찮구나. 수업 준비도 철저하고 토론 수업 태도도 적극적이야'라고 여기며 높은 점수를 줄 것이다.

당신이 미국의 회사에 입사해도 마찬가지다. 반드시 적극적으로 당신의 의견을 드러내야 한다. 미국의 문화는 당신이 이 나라에 왔다면 그들처럼 표현해야 한다고 여긴다. 미국은 왜 이렇냐고 절대 한탄하지 마라. 기억하라. 이방인이 현지의 문화에 적응하는 것이지, 현지의 국가가 이방인에 적응하는 일은 없다.

그다음 강조하고 싶은 건 작문 습관이다. 우리는 겸손 혹은 장유유서 같은 중화 문화의 영향 때문에 큰 소리로 말하며 영어를 배우지 않았다. 우리는 "저는 ~~라고 여깁니다", "저는 ~~라고 생각합니다"라고 할 때, 영어로 "it is known that…", "it is said that…"이라고 말한다. 내가 미국에 도착한 직후 교수는 내게 물었다. "쾅위야, 너는 'it is known that…'이라고 말하는데 대체 누가 안다는 거냐? 'it is said that…'은 대체 누구의 말이냐? 나는 네 생각을 알고 싶은 거지 다른 누군가의 말을 듣고 싶은 게 아니다!" 나는 이후 "I argue that"(나는 을 ~~주장한다, 논증한다)을 중심으로 하는, 대만에서는 건방지게 여겨질 '스스로 옳다고 주장하는' 논법을 배웠다.

그제야 내 생각과 말하기의 이유를 말할 수 있었다. 중화 문화에서는 '비이소사匪夷所思'(말이나 행동이 상식을 벗어나서 보통 사람은 생각해낼 수 없다는 뜻)하며 '대역무도'한 것들로 여겨지는 방식이다. 나는 어릴 때부터 우리는 나이도 어리고 배움에 한계가 있어 선배나 정답을 따라야 한다고 배웠다. 그런데 어떻게 내 생각을 말하고 동의하지 않는다고 할 수 있겠는가? 정답이 있다면 당신은 반드시 그 답에 부합해야 하는 것이다. 그 답과 다른 것은 틀린 것이니까. 무슨 말을 더 할 수 있겠는가!

하지만 미국의 교육은 완전히 다르다. 그들은 생각을 권장한다. '예스' 또는 '노' 같은 답 자체보다 왜 그렇게 생각하는지 말하는 것에 중점을 둔다. 표준 답안은 중요하지 않다. 그들의 부모나 선배들이 중시하는 것은 당신이 왜 그렇게 생각하는지, 그 이유와 근거는 무엇인지, 논증의 기초와 과정은 어떤지 등이다. 작문을 할 때 중화인들은 권위 있는 사람들을 인용하며 이야기를 풀어간다. 글의 마지막에 이르러서야 등장하는 결론은 때로 그들의 관점에 부화뇌동하기도 한다. 하지만 미국인은 글을 시작하자마자 해당 주제에 대한 자신의 입장을 밝힌다. 그러고는 여러 자료들을 인용해가며 자신의 찬반근거를 제시하고 마지막에 이르면 자신의 주장을 다시 한번 강조한다.

이런 문화는 직장도 마찬가지다. 외국계 기업과 대만 기업 문화는 현저히 다르다. 외국계 회사는 직원들의 의견 개진을 환영하고 심지어 반대의견도 권장한다. 당신의 주장에 논리가 있다면 치열한 토론을 통해 모두 수긍하는 인식을 만들어내고, 그 다음 모두 그 결론을 수용하고 행동한다. 그러나 대만계 기업 대부분의 문화는 '바람이 불면 풀이 눕고', '윗사람이 하는 일을 아랫사람이 본받'는 스타일이다. 위에서 지시하고 아래에서 처리한다. 자신의 의견을 드러내면 안 된다. 어쩌면 얼마 지나지 않아 해고될 수 있으니까.

당신이 해외 혹은 외국계 기업에서 일하고자 한다면 이러한 문화적 차이를 반드시 이해하고, 적극적으로 배우고 적응해야 한다. 미국인처럼 자신의 의견을 말하고 표현하고 책임지는 정신을 길러라. 직장에서 상사에게 높은 평가를 받고 부하직원에게 존경을 받을 수 있도록 말이다.

TIP

달인의 팁: When in Rome, do as the Romans do!(로마에 가면 로마의 법을 따르라!) 다른 나라 가면 그들과 같이 사고하고 행동하며 발언해야 한다. 우리가 그들의 문화에 적응해야지, 그들이 우리에게 적응할 수는 없다. 입사도 마찬가지다. 빠르게 회사의 문화에 적응하고 회사 문화의 기초 위에서 자신의 장점을 살려야 한다. 그래서 다른 이들이 당신을 회사의 일원으로 여기게 하라. 당신은 회사에 긍정적인 자극과 성장을 제공할 수 있게 노력해야 한다.

유비무환이 곧 경쟁력이다

　미국에서 유학을 시작할 때의 나는 정말로 의기양양했다. 다들 알지 모르겠지만 내가 선발된 국비유학생은 '순도'가 매우 높은 국비 유학 프로그램이었다. 3년 동안의 학비 전액을 지급하고 매달 미화 850달러의 생활비를 별도로 지원해줬다. 학비가 엄청 비싼 아이비리그 학교를 다닌다고 해도 국가가 학비를 모두 지불하는 것이다. 나는 전공 때문에 캘리포니아대학교의 데이비드 캠퍼스를 선택했었다. 1년 학비와 생활비를 합쳐 보면 대략 100만 대만달러(한화 약 3,500만 원) 정도를 사용한 것 같다. 3년이면 모두 300만 대만달러에 달한다. 한 달 생활비 미화 850달러는 풍족한 건 아니다. 하지만 데이비스 캠퍼스나 교수 수잔 리 포스터Susan Leigh Foster와 함께 전과한 캘리포니아대학교 리버사이드 캠퍼스 인근에서 생활하기에는 부족하지 않았다.

나는 내가 5년제 과정에 입학했다는 사실을 인지하고 있었다. 바로 박사학위를 취득하거나 아니면 아무것도 없을 것이다. 박사학위를 최대한 빨리 취득해도 5년이 걸린다. 대만 정부가 3년을 지원하지만 남은 2년은 내가 직접 해결해야 했다. 경제적 여유가 제공되는 3년 동안 남은 2년을 준비하지 않으면 학업은 물론 학위 취득도 보장할 수 없다. 이렇게 되면 지난 노력과 시간이 모두 물거품이 되는 것이다.

그래서 나는 미리 준비를 시작했다. 신속하게 돈을 모으고 나아가 재원을 조달할 수 있을 다양한 방법을 모색한 것이다. 그래야만 국비 지원 중단 이후의 지출을 부담할 수 있을 테니까. 그나마 다행인 것은 형 역시 국비장학생이었고, 나보다 3년 먼저 이 문제와 부닥쳤다는 점이다. 그는 나를 도와서 방법을 찾아 나섰다. 그 방법은 바로 수업조교였다. 미국 캘리포니아에 있는 대부분의 대학은 이 제도를 운용하고 있었다. 대학원생이라면 신청할 수 있고 자신의 전공 학과 혹은 타학과의 수업조교가 될 수 있다. 교수를 도와 수업시간을 배정하고 시험지와 답지를 검토하는 일을 주로 한다. 1주일에 약 6~8시간을 일하면 학교는 미화 1,500달러 정도의 월급을 주고 동시에 학비의 약 30~40%를 면제해준다. 학교에 대한 당신의 공헌을 인정해주는 것이다. 미국의 많은 대학교들은 교수의 주 업무가 연구이며 교육 부담의 분담이 필요하다고 여긴다. 또한 대학원생들을 미리 훈련시켜 학자들을 가르칠 수 있는 '학자'로서의 면모를 갖출 수 있게 설계한 것이다.

나는 이러한 정보를 미리 알고 있었다. 그래서 미국에 도착한 직후 동아시아연구과의 학과장을 직접 찾아가 수업조교에 대해 문의했다. 내 전공 학과에 신청하지 않은 이유는, 내 전공 학과는 내가 국비장학생이라는 사실을 이미 알고 있었기 때문에 나보다는 다른 신청자에게 기회를 줄 가능성이 높았기 때문이다. 많은 이들은 미국 학생들이 매우 가난하다는 사실을 모른다. 대학원 과정에 이러한 수업조교제도가 없다면 그들의 대학원 생활은 원천적으로 불가능하다. 그들의 부모 대부분은 대학원 학비나 생활비를 지원해주지 않는다. 그들은 스스로 이 과정을 버텨내야만 한다. 이 또한 대만의 문화와 다른 점이다.

동아시아연구과 학과장은 나의 자기추천과 영어실력을 높게 평가했다. 그래서 내게 reader(시험지를 매기는 조교)를 맡겼고 그다음 학기에 나를 정식 조교로 채용했다. 이런 나의 자기추천 방식은 마지막 학기 지도교수를 따라간 캘리포니아대학교 리버사이드 캠퍼스에서도 빛을 발했다. 똑같은 방법을 썼다. 전학 몇 달 전, 미리 리버사이드 캠퍼스의 동아시아연구과 학과 주임인 예_룇 교수에게 전화를 걸었다. 그는 나와 통화하며 내 유창한(바로 내가 1년 동안 지옥식 학습법을 통해 얻은 결과다) 영어실력 때문에 내가 미국에서 자란 ABC(American Born Chinese)인 줄 알았다고 했다. 그는 내가 대만에서 온 무용학과 대학원생이면서 학생 지도경험이 있다는 걸 알고는 중국어 조교를 제안했다. 나는 당연히, 뛸 듯이 기뻐하며 그 제안을 수용했다.

그 결과 나는 미국 정착 후 3년 동안 대만의 국비장학금, 일부 학비 면제, 매달 미화 1,500달러의 수입을 얻었고 절약하며 살았다.

덕분에 1달에 약 5만 대만달러(한화 180만 원가량)을 저축해서 국비 장학금 지원이 종료된 후에도 학비를 지불하고 학위를 취득했다. 이 모두가 일찍 유비무환의 자세로 임한 결과였다.

고도의 경각심을 유지하고, 패배할 곳은 피하라

나는 무용역사 및 무용이론 박사과정을 공부하면서 동시에 동아시아연구과의 중국어 조교를 맡았다. 중국어를 가르치는 실무경험을 쌓으면서 내 이력에 괜찮은 한 줄이 추가됐다. 이 경력은 훗날 내가 한국 홍익대학교에서 교편을 잡을 때 도움이 됐다. 면접관은 '경력자'인 나를 다른 지원자들보다 높게 평가했다. 이런 경력이 없던 박사 졸업생들에게는 기회가 제공되지 않았다.

위와 같은 생각과 방법은 외국에서 일하고자 하는 이들에게 가치 있는 사례일 것이다. 당신이 앞으로 어떤 직업을 가지든 다음과 같은 고민이 생길 것이다. 이 직업이 사라진다면 나는 다른 직업을 가질 수 있을까? 이 일이 나를 어떻게 성장시킬 것이며 더 높은 곳으로 인도할 수 있을까? 언젠가 내가 다른 길을 걷게 되고 새 고용주를 만났을 때 새 회사에서도 경쟁력을 유지하며 환영받을 수 있을까? 등등. 당신이 이런 고민을 갖고 있다면 일을 하며 더 치열하게 노력하고 당신의 자원을 현명하게 분배해야 한다. 스스로 성취한 업무 성과를 잘 드러내고, 다른 이들과 좋은 관계를 유지해서 더 나은 미래를 만들 수 있도록 해야 할 것이다.

만일 당신이 항상 고도의 경각심을 유지하면서, 이 일이 언젠가 사라질 수 있다는 사실을 인지한다면 부단하게 실력을 갈고 닦게 될 것이다. 그러면 오히려 당신은 지속적인 경쟁력을 갖출 수 있고 직장에서도 도태되지 않을 수 있다. 이런 상황은 절대 사서 하는 걱정이 아니며 오히려 모두가 알고 주의해야 하는 사실이다. 직장에서 가장 현실적인 원칙 하나는 다음과 같다. 누군가가 당신에게 일을 줄 수 있다면, 반대로 그 일을 회수할 권력 역시 갖고 있다는 것! 또한 당신이 어느 정도의 실력을 쌓지 못한다면 도살장에 끌려가기를 기다리는 순한 양에 불과하며, 상황을 '되돌릴 수 있는' 능력도 갖추지 못할 것이다. 그러므로 당신은 반드시 경각심을 가지고 노력해야 한다. 그래야만 당신의 모든 업무 경험을 활용할 수 있다. 고용주는 당신을 포기할 수 없고 또한 다른 고용주는 당신을 욕심 낼 것이다. 나아가 당신의 실력이 더 높아지면 어떤 이들도 당신을 고용할 수 없어진다. 그러면 당신은 과감하게 창업을 해서 자신의 길을 걸어가면 되는 것이다!

TIP

달인의 팁: 영원히 유비무환하라. 당신이 현재 갖고 있는 자원과 재원을 스스로 파악하지 못한다면 언제 닭 쫓던 개가 될지 모른다. 그러므로 최선을 다해 자신에게 적합한 영역을 찾고, 부가 수입을 축적하며, 다른 이들이 쫓아올 수 없는 실력을 쌓아라.

아르바이트도
자기계발의 현장이다

미국 생활 초반 3년은 너무나 즐거웠다. 매달 대만정부에서 생활비를 주고 학비 납부도 필요 없었으며 조교 일을 하며 돈을 벌 수도 있었으니까. 하지만 좋은 시절은 짧았다. 국비장학금은 3년만 지원됐고, 석사 학위가 없던 나는 3년 내 박사학위 취득이 불가능했다. 게다가 2003년부터 캘리포니아 정부의 재정적자가 악화되면서 많은 조교 자리가 사라졌다. 나도 중국어 가르치는 일을 그만둘 수밖에 없었다. 미리 모아둔 돈은 남은 2년을 보내기에는 부족했으므로, 나는 또 다른 재원 확보가 시급해졌다. 여기서 나는 공항 픽업 서비스와 전화카드 판매 사업을 떠올렸다.

미국에 있는 차를 가진 유학생들은 학기가 시작되거나 끝날 즈음 공항 픽업을 종종 부탁받는다. 태워주거나 데리고 오면 기름값 정도 되는 거마비를 받는다. 나도 동기를 몇 차례 도와줬는데 가만 생각해보니 학교에서 공항으로 가는 교통편이 너무나 부실했다(미국 대중교통 대부분이 불편하기 그지없다는 사실을 알아주시길). 친구를 귀찮게 하지 않고 공항에 직접 가려면 미니 버스로는 70달러, 택시를 타면 200달러에 팁까지 지불해야 한다. 나는 여기서 아이디어를 얻었다. 그래서 2003년 말에 JC Travel Master라는 회사를 등록하고 공항 픽업 서비스를 시작했다.

공항 픽업 사업이니까 손익 계산이 중요하다. 고객이 친구나 학교 동기뿐이라면 적자를 볼 게 뻔했다. 게다가 친구들에게는 '우대가격'도 제공해야 한다. 그래서 나는 '돈 있는 고객' 개발에 중점을 두기로 결정했다. 먼저 명함을 만들고, 픽업 비용을 다른 회사의 80% 정도로 낮췄다. 합승고객은 할인해줬고, 홍보 전단지를 만들어 교수들 편지함에 뿌렸다. 교수를 주요 고객으로 선택한 이유는 캘리포니아 교수들의 특징 때문이다. 그들은 대부분 집은 북부 캘리포니아에 두고 직장은 남부 캘리포니아였다. 그리고 출장 혹은 다른 주 강의 때문에 공항 이용빈도가 높기도 했다. 이런 그들에게 신속하고 신뢰할 수 있는 공항 픽업 서비스는 당연히 우선적인 선택지가 됐다. 더군다나 기사들이 자기 학교의 학생들 아닌가. 많은 교수들의 기꺼운 지지를 받아냈다. 교수 고객의 또 다른 좋은 점은 그들이 돈을 아끼지 않는다는 것이다. 그들은 어떻게든 팁을 주며 자신의 학생을 '선심 쓰듯 도와'줄 수 있는 것이다. 언젠가 심리학과의 한 교수는 내게 자신의 어머니를 2주 동안 태워줄 수 있냐고 물어왔다. 교수의 모친을 로스앤젤레스에서 라구나 비치까지 모셔오는 일이었고 일당은 200달러였다. 나는 이 일을 하며 남부 캘리포니아 전역의 명승고적을 돌아볼 수 있었고, 종종 해변가에서 일광욕을 즐기며 논문도 쓰기도 했다. 그러다가 시간이 되면 노부인을 다시 댁으로 모셔드렸다. 이 기간 동안 나의 하루하루는 정말이지 즐거웠다.

그러나 위 사례는 풍경의 표면에 불과하다. 기사를 하면 어쩔 수 없는 고통스러운 시간이 있다. 나는 돈을 조금이라도 더 벌려고 리버사이드에서 70분 동안 차를 몰아 로스앤젤레스 공항에 도착한다. 그리고 다음 날 다른 주에서 로스엔젤레스로 오는 손님을 픽업한다. 이럴 때는 시간과 기름값을 아끼려고 베개와 이불을 준비해서 차에서 잤다. 당시 나는 승차 가능 고객을 최대화해서 돈을 더 많이 벌려고 7인승의 RV차량을 보유하고 있었다. 그 덕에 그나마 쉴 수 있는 공간이 있었던 셈이다. 당시 나는 이미 박사과정을 수료하고 논문 작성만 남겨뒀기 때문에 이렇게 수입을 버는 것도 나쁘지 않았다. 시간을 잘 조정하면 나만의 시간도 만들 수 있었다. 일이 차츰 익숙해진 후부터는 가까운 호텔 로비에서 논문을 쓰기도 했고, 호텔에서 명함을 돌려 더 많은 외국인 고객을 끌어모아 수익을 냈으며 이 과정에서 많은 친구들을 사귀게 됐다.

공항 픽업 서비스 외에도 전화카드 판매 사업을 시작했다. 당시나는 국제전화카드를 사서 대만으로 전화하고는 했다. 나뿐만 아니라 대부분의 유학생들이 긁는 복권과 유사하게 생긴 전화카드를 사서 썼다. 여러 종류의 카드를 사용한 후 나는 가장 괜찮은 전화카드 브랜드를 알게 됐다. 그리고 그 회사로 전화를 걸어 카드 공급 장소를 알아냈다. 나는 한 번에 전화카드 200장을 구매한 후,

교내와 학교 개설 연장교육센터에서 알게 된 아시아 및 유럽 학생들에게 판매했다. 내가 파는 전화카드는 그들이 평소에 쓰는 전화카드와 똑같은데 가격은 더 쌌다. 나는 1장에 10달러에 사서 그들에게 16달러에 팔았다. 다른 곳에서는 18달러에 팔고 있었다. 그러니 그들은 내게 와서 전화카드를 살 수밖에. 나는 순식간에 리버사이드의 시장을 석권하고 현지 국제전화카드 최대 공급상인이 되고 말았다.

불특정 다수의 학생들에게 뭔가를 판매할 때, 나는 영업 능력, 외국어 능력, 임기응변과 뻔뻔함을 동시에 훈련할 수 있었다. 대다수 고객들은 웃으며 나를 대해줬지만, 어떤 이들은 눈을 부릅뜨고 나를 피했다. 그러나 처음 나를 사기꾼으로 대했던 이들도 시간이 지나자 나의 충실한 고객이자 친구로 변했다. 이러한 일은 모두 내 영업 능력을 키우는 가장 좋은 토양이 됐다. 5~10분 정도를 투자해 상품을 팔면 5달러 정도의 수입을 얻을 수 있었는데 당시 이 이윤은 결코 적지 않았다. 게다가 일단 한번 고객이 되면 단골이 됐고, 그들의 수요가 계속 존재하므로 나는 최저가의 전화카드를 계속해서 팔 수 있었다.

매매의 원칙은 바로 싸게 사서 비싸게 파는 것이다. 또한 적절한 장소에서 적절한 방식으로 판매해야 이윤을 확보할 수 있다. 미국에서 전화카드를 팔았던 것처럼 나는 한국에서 수업을 할 때 트렌센드(Transcend)의 SDHC 메모리 카드를 팔았다. 그 즈음에 트렌센드의 32기가 바이트 메모리카드가 갓 출시됐다. 대만에서 약 1,500대만달러로 살 수 있는 이 메모리카드가 한국에서는 3,200대만달

러에 팔렸다. 한 장을 사면 한 장을 더 벌어들이는 셈이다. 나는 즉
각 대만의 트렌센드를 통해 10장을 사서 한국 최대 인터넷 쇼핑몰
에서 팔았다. 가격이 싸니 물량은 금세 소진됐다. 이때는 위험과 재
고를 주의해야 한다. 이런 종류의 물건들의 가격은 금세 떨어지기
마련이다. 나 역시 이 사업의 이윤이 1,500대만달러에서 1,000대만
달러로, 다시 1,000대만달러에서 500대만달러로 시시각각 하락하
는 현장을 직접 목격했다. 결국 이윤이 300대만달러로 떨어진 즈음
나는 시간과 품을 아끼기 위해 판매를 중단했다. 당신이 만약 국제
무역에 관심이 있다면, 반드시 자신의 이윤과 재고를 면밀히 검토
해야 한다. 가득 찬 재고가 이익을 만들어왔던 당신의 과거를 한순
간에 물거품으로 만들게 하지 말라.

　미국에서 일하거나 생활할 때 도움이 되는 하나의 팁을 하나 더
공유하고자 한다. 만일 당신이 학생비자로 미국에서 체류한다면 당
신은 노동을 할 수 없다. 불법이다. 식당에서 접시를 닦거나 숙박업
소 카운터를 지키는 일, 그리고 주유소 세차 등의 일은 모두 불법체
류자들이 한다. 학교에서 시급 7달러를 받으며 도서관이나 학교 식
당에서 일하는 것만이 유일한 합법적 아르바이트다. 하지만 미국의
법률에는 큰 허점이 하나 있다. 미국은 불법이민이나 불법체류자들
의 노동을 싫어하지만 창업은 환영한다. 창업가가 미국에 일자리를
가져다준다고 생각하기 때문이다. 그러니 당신은 먼저 학생비자를
통해 안정적인 체류 가능 신분을 확보한 다음 사회안전번호(일종의
주민등록번호)를 이용해 회사 설립을 신청해라. 회사의 업무가 안정
적으로 발전하면, 회사를 통해 영주권을 신청하면 된다. 당신이 장

기 미국 체류 계획이 없다면 법인회사의 명의를 구해 유학생의 한계를 해결할 수 있다. 회사를 이용해 당신을 고용하고, 모든 수입을 회사로 들어오게 한 다음 자신의 모든 생활비는 회사의 이름으로 걸어둔다. 이렇게 하면 당신은 다른 회사에서 일할 수 있고 당신의 회사는 다른 회사의 '외주업체'가 된다. 그런 다음 회계적인 기술을 통해 회사의 수입을 당신의 주머니로 들어오게 하면 되는 것이다. 이런 정보는 미국이나 다른 국가에서 일하고자 하는 당신에게 작은 도움이 될 것이라 믿는다.

정리하면, 헤아릴 수 없는 많은 기회가 당신과 나의 생활 속에 존재한다. 당신이 눈을 크게 뜨고 주의를 기울인다면, 그리고 어느 시점에 실제 행동으로 옮길 수 있다면, 당신의 성실과 재치가 부가수입을 만들어줄 것이다. 가장 중요한 것은 다음과 같다. 내가 미국 사회와 한국 사회에 빠르게 녹아들 수 있었던 것은, 현지인과 사업을 하고 집을 사거나 주식을 사는 과정에서 받은 생활과 언어 영역에서의 압력 때문이었다. 그 압력에 대응하기 위해 빠르게 현지의 문화를 배웠던 것이다. 이런 사례가 해외에서 살고 싶은 당신에게 유효한 팁이 되리라 믿어 의심치 않는다.

TIP

달인의 팁: 생활하면서 돈을 벌 수 있는 기회를 찾아라. 해외 채용을 위해 여러 가지 일을 하면서 부수입을 확보하라. 동시에 현지의 문화에 깊숙하게 들어가고 새로운 친구들을 사귀어라.

로스엔젤레스 경찰국의
전속 통역이 되다

    미국에서 나는 다방면의 발전을 이뤘다. 전화카드를 팔고 공항 픽업 사업도 했다. 그리고 여행상품을 만들어서 일본과 한국에서 미국으로 오는 단기유학생들에게 제공했다. 그들과 함께 휴일마다 디즈니랜드나 유니버셜 스튜디오 같은 관광명소 등을 헤집었다. 다방면의 교류가 지속되자 내 이름이 제법 알려졌다. 호객을 고민할 필요가 거의 없어진 것이다. 그냥 앉아서 지난 고객들의 재방문, 혹은 그들이 데려오는 새 고객을 기다리면 됐다. 이 정도로도 나는 항상 정신없이 바빴다.

    어느 날이었다. LAPD(로스앤젤레스 경찰국)의 전화가 걸려왔다. 그들은 학교를 통해 내가 중국어와 영어에 능통하고, 중국 광저우廣州 상회의 미국 방문단 수행통역을 맡았던 사실을 알게 됐다고 말했다. 그들은 내게 중국국적 범죄자 심문 전문 통역인을 맡아 달라고 제안해 왔다.

아, 혹 당신은 내가 LAPD와 함께 위험을 무릅쓰고 범죄의 현장으로 직접 뛰어간 거냐며 놀랄 수 있지만 절대 그런 건 아니다! 나는 중범죄자 심문에 참여하지 않았다. 나는 주로 위장혼인을 통해 미국에 입국하거나 불법 성매매 안마시술소에 일하는 중국 국적 여성들의 통역을 맡았다. 당시 나는 2주에 한 번 꼴로 경찰 스티븐의 전화를 받았다. 비교적 치안이 좋은 동네였다. 이런 작은 사건에도 다들 시끌벅적한 걸 보며 나는 미국 경찰은 운이 좋은 편이라고 생각했다. 나는 달가운 마음으로 30분당 60달러의 통역비를 벌었다.

지금도 뚜렷하게 생각나는 사건이 있다. 경찰의 심문을 받던 이 중국여성은 자신이 원래 중국 동북지역의 병원에서 의료계에 종사했던 사람이라고 말했다. 이 대답을 들은 스티븐은 고개를 갸우뚱거리며 통역을 부탁했다. "당신은 중국에서 그렇게 좋은 직업을 가졌으면서 왜 지금 미국에서 안마나 하고 있는 거냐?" 이어진 그 여성의 대답을 듣고 나는 실소를 넘어 통역이 힘들 정도로 분노했다. 그녀는 자신이 파룬궁(법륜공)을 수련했기 때문에 정치적 박해를 피해 온 것이며 미국에서 정치적 보호를 받으려 한다고 주장했다. 이런 성매매 여성들의 배후에는 대부분 밀입국 조직이 있다. 그래서 이들은 위와 같은 '관용 용어'를 만들어서 미국 경찰의 심문과 구형을 피하려 했다. 어떤 여성들은 심문받을 때 시종일관 신경질을 내고 울음을 터뜨렸다. 나는 통역을 하며 온갖 인간 군상의 모습을 보았고 많은 것을 알게 됐다. 미국 유학 시절 남긴 독특한 경험이다.

얼마 후 친구의 소개를 받아 미국 이민 대만 화교들이 조직한 '링환극단伶倫劇坊'에 가입해서 단원들을 따라 연습하고 무대에 올라 공연했다. 이때 나는 당시 미국에서 활동 중이었던 성대모사의 달인 우자오난吳兆南에게 가르침을 받았다. 덕분에 제스처와 연기의 기술이 크게 나아졌다. 또 얼마 뒤에는 미국 현지의 중화채널 라디오 진행자가 될 뻔했다. 하지만 나는 미국 시민권이 없는 데다가 대만 귀국이 목전이라 이 기회를 놓치고 말았다. 이 모든 경험은 훗날 좋은 강연을 꾸릴 수 있는 자양분이 됐다. 특히 힘들게 익힌 제스처나 연기 등은 무대 공포증을 극복하게 해줬다. 내게는 정말 귀한 시간이었다고 할 수 있다.

친목을 다질 수 있는 공간을 만들고, 현지에 융화되라

많은 이들이 외국 현지에서 새 친구들을 사귀지 못하고 극도의 외로움을 느낀다. 그러다 외로움을 이기지 못해 학업과 일을 포기하고 대만으로 돌아온다. 그러나 나는 한 번도 이런 문제를 겪지 않았다. 난 언제든지 새로운 친구들을 사귈 수 있었다. 지금 나는 당신에게 낯선 사람과 알게 되는 방법을 소개하려 한다. 이 방법은 당신이 해외에서 일하거나 생활할 때, 마음이 통하는 이들과 만나며 현지 생활에 적응하는 데 도움이 될 것이다.

새 친구를 사귀려면 내 책 『탑산성경搭訕聖經』에 소개된 방법을 사용하면 된다. 어느 정도 기술적으로 대화를 나누면서 낯선 사람들과 친해질 수 있다. 하지만 이때도 길 위에서 아무나 붙잡고 이야기하는 건 바람직하지 못하다. 상대방이 편하게 느끼는 곳을 선택하

라. 편하게 여길 만한 장소는 어떤 곳일까? 바로 당신이 조금이라도 흥미를 가질 만한 공개적인 활동이다. 자연스럽게 새로운 친구를 사귈 수 있는 장소가 된다. 모든 도시나 도시의 모든 구역에는 정기적으로 열리는 벼룩시장, 문예축제, 테마활동 등이 있다. 관련 정보는 신문과 텔레비전에서 홍보된다. 그 장소들로 가기만 하면, '우연의 힘'을 빌려 새로운 친구들을 만날 수 있다.

가령 당신이 벼룩시장, 혹은 타이베이의 톈무天母나 신이구信義區 워너빌리지華納威秀 등에서 열리는 휴일시장에 간다고 치자. 이런 일련의 공개된 장소에는 언제나 많은 공연팀들과 상인, 구경하는 시민들이 있다. 당신은 '질문을 평계로 말 거는 법'을 통해서 귀여운 점원에게 물건의 가격이나 활용법 등을 묻고 자연스럽게 대화를 이어갈 수 있다. 예술 공연을 보러 간다면, 상대방에게도 당신은 새로운 사람이다. 자신들의 활동에 관심을 보여주는 '좋은 사람'이니 당신에게 호감을 갖게 된다. 이럴 때 자신을 소개하면 된다. 대만에서 넘어와 일하고 있는 외국인이라는 화제로 대화를 시작하라. 먼저 자신의 정보를 주면서 천천히 상대방의 이야기와 정보를 얻어내는 방식으로 대화를 진행하는 것이다. 그러면서 연락처를 주고받고, 다음에 같이 활동하자며 만남을 약속하는 것이 좋다.

유럽과 미국에서 이런 교류는 전국민운동처럼 흔한 일이다. 내가 미국에서 첫 여행을 하고 있을 때 노부부의 사진 촬영을 도와준 적이 있다. 헤어진 후에도 그들은 지속적으로 전화와 이메일로 내게 연락했으며 다음 휴가 때 자신들의 저택으로 나를 초대한다고 말했다. 게다가 그들은 자신의 딸을 내게 소개시켜 줬고, 나는 노부부의 딸인 카렌을 통해서 더 많은 미국의 다양한 친구들과 교류할 수 있었다.

친구를 알게 된 후 관계가 가까워지는 철칙은 바로 지속적인 연락이다. 다만 연락은 서로 관심을 갖고 있는 '화제'를 중심으로 해야 한다. 이 화제가 관계를 지속하는 기초다. 나는 내가 솔로일 때, '여자친구 만나기'를 중심 화제로 역시나 솔로인 다른 남성 친구들을 사귀었다. 여자를 사귀기 위해 클럽, 해변, 파티에 함께 다니며 우정을 쌓아갔다. 상대를 관찰하고 서로의 공통 관심사를 찾아내 관계를 깊게 하는 것이다. 나의 다른 친구 닉슨은 '만화 보기', 'SF 영화 보기', '과학경연대회 참가' 등으로 연락하며 우정을 쌓았다. 이 효과는 정말 대단했다.

현 시점, 친구를 사귈 때 쓸 수 있는 도구는 엄청나게 발전했다. 어디를 가든 위챗이나 QQ 등의 메신저를 이용하면, 100미터에서 100킬로미터까지 친구를 만나고 싶어 하는 무수한 남녀들을 바로 발견할 수 있다. 하지만 조심하라. 당신이 자신의 프로필 사진이나 간단한 소개도 제공하지 않고 바로 '안녕, 나는 너를 알고 싶어'라고 말하면 총에 맞을 수도 있으니까. 온라인이든 오프라인이든 인기의 원칙은 같다. 바로 '즐겁게' 지내는 것이다. 그래서 나는 친구를 사귀지 못할까 걱정하지 않는다. 누구든 나를 알게 되면 무수한 문예활동과 파티에 참여할 수 있고 덤으로 수많은 훈남훈녀까지 알 수 있다. 이들이 나와 내 친구들의 울타리 안으로 들어오고 싶어 안달이 나는 건 당연하다.

어플을 통해 친구를 만나고 싶다면, 당신의 다양하고 멋진 사진을 멈추지 말고 업로드하라. 아직 당신을 잘 모르는 친구들은 사진과 문자를 통해 당신이 낙천적이고 적극적이고 긍정적인 데다가 여행을 좋아하며, 많은 친구들이 있고 맛집을 좋아하는 멋진 사람이라는 사실을 발견하게 된다. 이럴 때 당신이 'Hi'라고 인사를 하면 상대는 적극적으로 반응할 것이다. 이래저래 이야기를 나누다 보면 공통점이 드러나게 된다. 같은 곳을 가봤다든가 혹은 누군가를 둘 다 알고 있다든가 하는. 그러면서 자연스레 또 다른 약속을 잡아라. 이런 원칙과 도구를 활용하면 어디를 가더라도 '불을 지피듯' 탄탄하고 재미 있는 사교집단을 형성할 수 있다.

TIP

달인의 팁: 젊을 때 다양한 경험을 해라. 즐거움과 쓰라림 모두 미래에는 아름다운 기억이 된다. 이런 다양한 경험을 페이스북, 위챗, 라인 등에 업로드하는 것을 잊지 마라. 새로운 친구를 만날 때 가장 좋은 명함이 된다.

무조건 덤벼라,
모두 이룰 수 있다

성공, 별거 없다

체면 차리지 말고, 죽을 각오로 임하라

　많은 사람들은 내가 일본어를 언제부터 배웠는지, 또 어떻게 잘하게 됐는지에 대해 관심을 보인다. 입대 직후, 나는 간부 시험 준비에 매진했다. 간부는 월급이 병장보다 세 배나 많고 고참들의 괴롭힘도 걱정할 필요가 없으니까. 게다가 개인 시간도 훨씬 많이 주어진다. 결국 나는 간부 시험을 통과해 모든 공간과 시간을 적극적으로 활용, 국비유학생에 합격할 수 있었다. 합격 후에도 나의 병역은 1년 반이나 남았고 나는 이 시간을 어떻게 유용하게 사용할지 고민했다. 그 결과 다들 그냥 흘려보내는 이 시간에 외국어를 배우겠다고 결심하게 된다. 이렇게 자신의 경쟁력을 키우는 거지! 일본어는 나의 첫 번째 선택지였다.

　나는 핑둥屛東의 공군비행장에서 정치장교로 복무했다. 나는 지구

촌학원*에서 배우고 싶었지만 당시 핑둥에는 지구촌학원이 없었고 가오슝高雄에만 있었다. 평일에는 왕복이 불가능해서 주말마다 기차를 타고 학원을 오갔다. 이러다 보니 반년 동안 큰 발전이 없었다. 훗날 미국에서 유학할 때 나는 어차피 대학원 학비를 지불했으니 학부 수업도 들어도 된다고 생각했다. 그러면 일본어 능력을 강화시킬 수 있을 거니까. 그래서 나는 일본어 수업에 들어갔고 중국어 실력을 기초로 그 수업에서 상위권에 속하게 됐다. 그러나 나는 알고 있었다. 일본어 읽기와 쓰기는 어느 정도 수준에 이르렀지만 듣기와 말하기에는 문제가 있었다. 특단의 대책을 세워야 했다.

기회가 왔다! 이 일본어 과목은 주임교수를 매개로 일본의 한 아동복지기구와 깊은 관계를 맺고 있었다. 이 아동복지기구는 대만의 고아원과 같은 기능을 하는 기관이다. 부모에게 버림받았거나 폭력을 당한 아이들, 혹은 부모를 잃고 돌봄이 필요한 아이들을 돌보는 기관이다. 또한 정부가 자금을 제공해서 아이들이 보다 좋은 환경에서 자랄 수 있게 지원한다. 아이들은 1, 2세부터 17세까지 다양하다. 5, 6년 전부터 학교는 매년 6~8명의 학생을 선발해서 일본 각지의 아동복지기구에 자원봉사자로 파견했다. 항공권은 학생들이 구입해야 하지만 현지에 도착한 뒤부터는 아동복지기구에서 아이들 및 교사들과 함께 숙박했다. 즉 숙소와 식비가 모두 제공된 셈이다. 이곳에서 아이들과 함께 시간을 보내기도 하고 가끔 야외수업을 겸해 문화탐방 활동도 진행했다.

나는 일본어 학습을 시작했기 때문에 이 문화 교류 정보를 알 수

* 대만의 유명한 영어학원 - 옮긴이

있었다. 나는 이 정보를 보며 내 박애정신을 실천할 수 있고 일본의 문화도 체험할 수 있으며, 일본어 능력까지 빠르게 높일 수 있는 '놓칠 수 없는 기회'라고 생각했다. 가지 않을 이유가 없었다. 하지만 문제가 있었다. 이 자원봉사 파견 자격 요건은 학부생으로 국한돼 있었다. 대학원생이 참여할 수 없다고 명문화된 것은 아니었지만, 내가 참여한다면 '이상한 일'로 비칠 것이었다. 그러나 나는 이런 점을 개의치 않았다. 일본어 실력 발전에 도움이 된다면 무엇이든 해야 했다. 다만 걱정한 건 매우 치열할 게 분명한 선발 경쟁을 어떻게 통과할 수 있을지, 면접을 어떻게 준비하고 무슨 내용을 말해야 나를 드러내 보일 수 있을지였다.

일본어 능력을 올려 면접을 진행할 교수의 기준에 부합하는 것뿐 아니라, 나는 이 기회를 붙잡으려 체면 따위를 내려놓았다. 면접 때 다른 학생들은 착하게 '말하는' 방식으로 답했다. 하지만 나는 조금 다른 준비를 했다. 유창한 일본어(집에서 죽도록 외운 성과)로 질문에 답한 건 기본이다. 교수가 내게 일본 아동복지기구의 아이들과 많은 나이 차를 어떻게 극복하고 소통할 것이냐고 물어왔을 때, 나는 바로 일본 대중가요를 모창하며 노래를 부르고 합창을 유도하기까지 한 것이다.

당시 SMAP의 멤버인 카토리 싱고香取慎吾의 노래가 일본에서 히트를 치고 있었다. 그는 주부처럼 화장하고 아이들에게 요리와 상식, 예의를 가르치는 내용으로 노래했다. 나는 나를 조금 더 '젊고', '아이들이 좋아'할 만한 모습으로 보이게 하려고 면접 때 카토리 싱고의 〈싱고마마慎吾ママ〉를 모창하며 불러서 모두의 갈채를 받았다. 이

뿐만 아니다. 나는 또 다른 재미를 선사했다. 울음이 섞인 듯 노래하는 창법을 가진 가와무라 류이치河村隆一의 〈I For You〉를 불렀다. 나는 면접의 모든 과정을 통틀어 가장 활력 있고 재미있는 사람이었다. 면접관들이 나를 뽑지 않을 수 있겠는가?

나는 순조롭게 합격하고 두 달 동안 일본에서 자원봉사를 수행했다. 매일 아이들 및 교사들과 함께 일본어로 말했다. 야구와 축구를 같이 하고 함께 일본 텔레비전을 봤다. 나의 일본어 능력은 일취월장했다. 여기서 일본어 독학과 일본인과의 유창한 소통의 기초를 다졌던 것이다. 나는 '체면 따위 신경쓰지 않았던' 당시의 내게 감사하고 있다.

적극적으로 당신의 열정과 절실함을 드러내라!

체면에 개의치 않아서 얻을 수 있었던 기회는 또 있었다. 정치장교학교에서 예비 장교 훈련을 받고 있을 때다. 몇 개의 연대와 정치장교학교는 함께 군가 및 가창대회를 개최했다. 1등에게는 8,000대만달러, 2등은 5,000대만달러와 공로상을 제공했다. 이 대회에 참가하면 돈을 벌 수 있는 기회가 생길뿐더러 공무휴가도 신청 가능했다. 가지 않고는 배길 수 없는 것 아닌가? 바로 내 앞에서 노래했던 군인은 노래 실력이 상당했다. 군가도 기가 막히게 불렀고 자유곡 파트에서도 수준급의 실력을 보여줬다. 하지만 나는 그가 무대에서 내려올 때 그의 어깨를 두드리며 말했다.

"친구, 너 노래 참 잘하더라. 그런데 미안하지만 승자는 나야!"

나는 왜 이렇게 말했을까? 사실 내 노래 실력은 그에게 비길 수도 없는 수준이었다. 하지만 부끄러움을 무릅쓰고 분위기를 띄우는 액션은 내가 훨씬 나았다. 다른 참가자들은 군인의 기세를 보여주기 위해 엄숙한 얼굴로 발로 무대를 차면서 군가를 불렀다. 하지만 나는 달랐다. "쪽빛 하늘은 마음을 평온하게 하고, 눈부신 태양은 호방한 기백을 뜨겁게……"라고 부를 때, 나는 노래하면서 뻔뻔하게 액션을 취했다. 쪽빛 하늘 파트에서는 손을 하늘로 향해 흔들고, 눈부신 태양은 파트에서는 손으로 내 가슴을 탕탕 쳤다. 그리고는 다시 기세를 몰아 가수 바이빙빙白冰冰이 사회를 보던 프로그램에서 가장 유행하던 '엄지 척'과 같은 손동작까지 했다. 이 모두는 무대 아래의 심사위원들에게 깊은 인상을 줬다.

한번 생각해보라. 참가자들의 노래 실력이 비등비등하면 '액션이 재미있고 풍부한' 사람이 더 좋은 점수를 받는 게 당연한 거 아닌가? 물론 나는 1등이 아니었다. 1등은 정치장교학교의 소위 선배에게로 돌아갔다. 그러나 모두들 내심으로는 내가 1등이라고 생각했다. 그저 '무난하게' 장유유서의 기조로 선배에게 1등을 준 것이다. 나는 2등이었지만 상금과 포상휴가를 모두 거머쥐며 모두의 부러움을 샀다. 체면 따위 생각하지 않고서 기회를 잡아낸 가장 뚜렷한 실례일 것이다.

당신이 취업하고 해외주재원이나 파견업무를 신청할 기회가 있다고 치자. 정원이 한두 명 정도라서 경쟁이 치열하다. 후보자들의 조건 역시 큰 차이가 없다. 심사위원은 누구를 뽑을까? 당신이 심사위원과 관계가 좋다면 더욱 좋겠지만, 만일 아무런 인맥이 없다면 면접 현장에서 어떤 액션을 보이는지가 중요하다.

이럴 때는 과감하게 '체면을 내던져야' 한다. 최상의 모습뿐 아니라 다른 이들이 상상조차 할 수 없는 뭔가를 보여줘야 하는 것이다. 그러면 그 순간 당신이 돋보이게 되고, 심사위원들이 당신의 열정과 적극성, 그리고 절실함을 느끼게 된다. 기회는 준비된 자에게만 오는 게 아니라 '가장 절실한 사람'에게도 주어지기 때문이다. 누군가들이 당신을 어떻게 볼 것인지, 당신을 낯짝이 두꺼운 사람으로 생각하는 건 아닌지 따위는 아무 걱정 마라. 주저된다면 이렇게 생각해보라. 이 기회를 놓쳐서 받게 될 고통과 다른 사람들의 의미 없는 수근거림 중 무엇이 중요한가? 답은 바로 당신의 마음속에 있다!

TIP

달인의 팁: 나무는 껍질이 없으면 당연히 죽는다. 하지만 사람은 체면을 내던지면 천하에 적이 없게 된다. 의미 없는 체면과 자존심 따위는 내던지고, 실력과 용기, 그리고 전략으로 당신이 원하는 것을 쟁취하라!

지혜로운 패배는 필사즉생의 각오를 다지게 해준다

앞에서는 체면을 내던지고 도전한 사례들을 이야기했다. 지금부터는 필사즉생의 각오로 덤벼들었던 사례를 말하려 한다. 국내외 어디서든 기회를 얻고자 할 때 가져야 할 마음가짐은 간단하다. 먼저 체면 따위 내던지는 것, 다음은 죽을 각오로 임하라는 것! 이 두 가지 마음가짐에 충실한 준비와 사후 성찰, 끊임없는 노력을 더한다면 당신은 기회를 다시 한 번 더, 또 한 번 더 잡을 수 있고 성과를 차곡차곡 쌓을 수 있다.

필사즉생의 각오에 대해 말하려면 2004년 홍콩에서 열린 '해외우수청년 중화 집결' 활동을 꼭 언급해야 한다. 홍콩의 숱한 부자들과 마사회 같은 조직들은 정부에 내야 하는 세금을 좀 더 좋은 곳에 사용하기 위해, 그리고 기업과 개인의 이미지를 제고하려고 해마다 일련의 활동과 조직의 운영 경비를 지원한다. '해외우수청년 중화

집결' 역시 이러한 다방면의 찬조금을 받아 개최되는 행사로 매년 7, 8월에 개최된다. 세계 각지의 대학생 및 대학원생 지원자들을 선발해 홍콩으로 결집시킨 후 다시 중국의 몇 개 도시로 파견한다. 내가 참가했던 그해에는 선전深圳, 광저우廣州, 상하이上海, 시안西安, 마지막으로 베이징에 도착해 유사 단체들과 동행했다. 다른 년도는 허난河南 숭산崇山의 소림사, 청두成都, 심지어는 신장위구르자치구의 우루무치烏魯木齊 등 지역을 따라 움직이는 노선도 있었다.

이 활동에 참가하면 숙식과 여비 등 모든 제반 경비는 주최 측에서 책임진다. 단원은 홍콩으로 가는 항공권만 자비 부담한다. 이 활동으로 세계 각지에서 몰려온 우수한 중화권 청년들과 교류할 수 있다. 게다가 중국에 도착하면 베이징대학교, 칭화대학교, 푸단대학교 등의 일류학교의 학생들이 우리를 맞이해준다. 이때 유명 기업 대표들과 정부 고위층들도 함께 나온다. 한 번의 여정으로 대륙의 고급 인맥 자원을 확보할 수 있는 것이다.

공짜에다 이렇게 알찬 내용의 행사에 참여하지 않을 수는 없다. 무료로 여행하고 좋은 인맥을 만들 수 있다니! 중화권 시장을 개척하고 싶어 하던 내게는 많은 이점이 있는 기회였다. 그래서 이 활동 관련 정보를 듣자마자 그 즉시 등록했다. 하지만 내가 제출한 자기소개서와 신청서가 적절하지 않았는지 혹은 2002년 당시 다른 신청자들이 너무 우수해서 그런지 이유는 모르겠지만, 사스SARS가 퍼져나가던 12월, 주최 측의 '신청자가 너무 많아 당신을 뽑지 못해 유감……'이라는 거절 편지를 받게 됐다. 이렇게 나는 거절당했다. 좋은 기회를 놓쳐서 안타깝긴 했지만, 낙천적이고 진취적인 나는 여름 방학 때 다른 일을 찾으면 된다고 스스로를 위로했다.

사스도 내 용기를 막아내진 못했다

뜻밖이었다. 거절당한 그 다음 해인 2003년 3, 4월, 홍콩에서 시민들을 공포로 몰아넣은 사건(중증급성호흡기증후군, 일명 SARS)이 터져버렸다. 동방명주東方明珠는 사람들이 두려워하는 '귀신의 도시'가 되었고 부동산이 폭락하고 주식시장도 붕괴했다. 신문 보도를 통해 사람들의 눈에 극도의 공포감이 가득한 것을 볼 수 있었다.

나는 미국에서 이 소식을 듣자마자 해외우수청년 중화 집결의 주최 측에 편지를 보냈다. 먼저 나는 사스가 심각하니 모두들 건강에 유의하길 바란다는 당부를 적었다. 그리고 화제를 돌렸다. 2003년 해외우수청년 중화 집결 행사에 합격한 인원들 중 사스를 걱정해서 참석하지 않는 사람이 생긴다면, 즉 결원이 발생한다면 나를 추가 합격시켜달라고 요청했다. 만일 그렇게 해준다면 홍콩에 가서 홍콩 시민들과 함께 사스에 대항할 것이라고 말했다.

한 달이 지난 후 주최 측의 회신을 받았다. 그들은 내게 지지와 격려는 감사하지만 사스 때문에 당해 활동이 전면 취소됐다고 말했다. 나는 내심 생각했다. '내가 모든 걸 걸고 승부를 걸었는데도 실패하다니 이건 하늘의 뜻이다. 나를 이 활동에 불참시키려 하는 것일까?' 결국 나는 그해 참석을 완전히 포기하고 다음을 기다리기로 했다.

2003년 말부터 사스는 안정 국면에 접어들었고 홍콩은 이전의 번영으로 돌아갔다. 그리고 어느 날, 해외우수청년 중화 집결의 주최 측에서 보낸 이메일을 받았다. 메일을 본 순간 나는 그저 2004년 행사 신청 안내 통지서라고 생각했다. 하지만 메일에는 생각지도 못한 내용이 적혀 있었다.

"안녕하세요 정쾅위 씨. 눈 깜짝할 새 2003년도 지나가네요. 우리는 2004년 행사 준비를 시작하고자 합니다. 사스 기간 당신이 저희에게 보내준 지지와 격려를 보며 우리는 당신이 올해 행사의 구성원이 되어야 한다고 결정했습니다. 다른 사람들과 경쟁하지 않아도 됩니다. 그저 당신의 여권 사본과 관련 서류를 저희에게 보내면 됩니다. 관련 자료를 저희에게 보내주세요. 홍콩에서 봅시다!"

메일을 읽고 나는 환호성을 질렀고 너무 기쁜 나머지 말조차 나오지 않았다! 이렇게 나는 홍콩과 중국대륙의 몇 개 도시를 가서 수많은 친구들을 사귀고 중국 각 성{省}의 인맥을 쌓을 수 있었다. 마지막 여정인 베이징에서는 인민대회당에서 행사 사회자를 맡기도 했다. 이 모두가 나의 '필사즉생'에 가까운 노력으로 붙잡은 기회가 가져다준 아름다운 결과였다.

세밀하고 차분하게 평가하고 용감하게 쟁취하라

그래서 나는 외국에서 일하려는 젊은이들에게 '다른 사람들은 겁을 먹는' 혹은 '용기가 없어 놓치기 마련인' 기회들을 적극적으로 붙잡으라고 권유한다. 당신은 과감하게 행동해서 구하기 힘든 기회를 잡아야 한다. 이 과정에서 키워진 능력과 경험은 일평생의 자산이 될 것이다. 가령 동남아에서 쓰나미가 발생하자 많은 사람들이 동남아에서 일하기를 꺼렸다. 또 쓰나미가 오면 죽을 수 있으니까.

그러면 이 지역에서는 결원이 발생하게 된다. 이때 당신이 용기를 낸다면 예상하지 못한 기회가 생기는 것이다.

물론 위험에 대해 정확히 판단하고 자신의 안전을 지켜내는 것은 가장 중요한 일이다. 하지만 고위험은 종종 고수익을 불러온다. 모두가 고위험만 주목할 때 당신이 고위험 속에 내재된—사실상 전혀 위험하지 않은—기회를 발견한다면 '안정적인 수익'을 얻을 수 있다. 일본 원전사고를 예로 들어 보자. 당시 일본에 체류하던 많은 외국인들이 직장을 그만두고 귀국하려 했다. 일본이 아닌 다른 지역의 사람들도 미디어를 보고는 일본 전체가 오염됐다고 생각했다. 과거의 경제대국이 '찢길' 것으로만 보였다. 하지만 모두 알다시피 일본 국토는 매우 크다. 혼슈本州가 오염됐다 한들, 그래도 시코쿠四國, 규슈九州, 홋카이도北海道는 남아 있다. 이런 사정을 모르는 사람들은 혼슈가 아닌 다른 지역에 남아 있는 기회까지도 포기한 셈이다. 이렇게 대량의 결원이 발생했을 때 당신이 '필사즉생'의 각오로 덤벼들면 기회는 바로 당신 것이다!

일본에 살고 있던 중국인 친구 한 명은 교직 합격 후보자 명단에 있었다. 그런데 기존 합격자가 지진과 원전사고로 인해 귀국을 하는 바람에 친구는 교직을 얻게 됐다. 향후 10년 동안 일할 수 있는 기회를 보장받은 셈이다. 이게 바로 '필사즉생'의 자세로 좋은 기회를 개척한 대표 증거가 아니겠는가!

마지막으로 모두에게 말하고 싶다. 절대로 이념 때문에 손해를 감수하지 말라는 것이다. 이념 때문에 당신이 세계를 인식하고 시야를 확대하는 기회를 저버리지 마라. 해외우수청년 중화 집결 행사를 예로 들어보자. 독자 중 누군가는 이 행사를 중국 대륙의 통일 전쟁의 일환으로 여길 것이다. 이 행사에 참여해서 그들에게 세뇌되고 동조하게 되면 어쩌냐고? 그들은 에스닉Ethnic 문제 때문에 공짜로 중국에 가서 친구들을 만나고 자신의 실력일 키울 수 있는 기회를 포기하곤 한다. 당신이 적을 미워할수록 그 적을 더 이해하고 인식하려 노력해야만 그들에게 어떻게 대응해야 하는지 알 수 있다. 중국 대륙은 이미 전 세계가 무시할 수 없는 존재로 성장했다. 미국이나 유럽의 여러 나라들도 중국의 눈치를 보는데 당신은 접근도, 접촉도, 이해도 하지 않는다? 이는 귀를 막고 방울을 훔치고, 우물에서 하늘을 바라보는 격이 아닌가?

혐오하면서 겁먹고 접촉을 피하기보다 오히려 적극적으로 부딪치고 만나는 게 더 낫다. 중국 시장을 공략할 수 있다면 다른 시장은 크게 어렵지 않다. 중국인을 상대할 수 있다면 세계 그 누구와도 겨룰 수 있다. 그들과 교류하는 과정에서 당신의 자세는 한없이 낮게, 눈은 한없이 크게, 손과 발의 반응은 한없이 빨라지기 때문이다. 이런 능력을 갖추게 된다면 미래에 당신은 어느 시장이든 진입할 수 있다. 자세를 낮춰 신속하게 상황을 파악할 수 있으니까. 이야말로 글로벌 인재가 갖춰야 할 심리적 태도와 능력이 아니겠는가?

달인의 팁 : 잠깐의 실패는 실패가 아니다. 그건 단지 하늘이 당신이 '정말로 간절한지' 확인하는 것에 불과하다. 한 방법이 안 되면 다른 방법을 시도하면 된다. 누군가를 설득할 수 없다면 또 다른 사람을 설득하면 된다. 올해 실패하면 내년에 해내면 된다. 원하는 것이 바로 드러날 수도 있지만, 때로는 다른 방식으로 당신의 삶 속에 등장할 수도 있다.

자기계발의 성과로
약세인 논문 작성을 극복하다

나는 미국에서 4년을 보내며 내가 무용학과의 교수가 될 거라 믿어 의심치 않았다. 그래서 최선을 다해 연구했다. 나는 수업에서 배웠던 역사학, 인류학, 사회학 및 문화연구 영역의 이론을 바탕으로 분석해서 논문 주제를 구성하려 했다. 내 논문 주제는 매우 흥미로웠다. 청년방문단 무대를 통해 대만 이데올로기 변화를 검토하는 것으로, 기존의 대중화사상에서 대만 본토 이데올로기의 대두에 이르기까지를 검토하며, 다양한 인종과 문화를 강조했다. 청년방문단 무용에서 이 묘한 변화 일체의 단서를 찾을 수 있었다. 단원들의 훈련 과정에서 사상교육과 엄격한 체벌을 통해 대만에 소속된다는 '국가신체'와 '애국정신'을 주입했다. 그를 통해 불요불굴하면서도 임기응변하는, 그래서 비바람이 세차게 불어올 때도 우뚝 솟아 흔들리지 않는 대만처럼 계속해서 빛나게 하려는 것이다.

아름다운 희망을 그리며 순조롭게 박사학위를 취득하다

논문의 큰 방향을 정했지만 집필은 쉽지 않았다. 석사나 박사 학위과정을 경험한 사람이라면 비슷한 경험이 있을 것이다. 논문을 절반 정도 썼다 싶으면 거기서 꽉 막혀버린다. 마주한 진퇴양난 앞에서 포기하고 싶은 마음이 굴뚝 같지만 지금껏 투자한 시간과 노력, 그리고 돈이 아까워 쉽지 않다. 계속 진행하고 싶지만 자료가 충분하지 않거나 자신감이 떨어진 상태라 지속할 열정이 없을 수도 있다. 이 지경에 이르면 많은 대학원생들은 논문을 어떻게 완성할지가 아니라 '생활의 목적' 혹은 '생명의 의미' 따위를 고민하기 시작거나, 매일 아침 일어나 논문을 쓰기보단 식물을 심거나 빨래를 하기에 이른다. 심지어 공익적인 봉사활동에 참여하는 경우도 적지 않다. 하지만 컴퓨터 앞에서 논문과 직면하려는 생각은 하지 않게 된다.

당시 나도 비슷한 상황에 이르렀다. 하지만 지난 4년간 투자한 게 아까워 도저히 포기할 수는 없었다. 나 역시 다른 대학원생들처럼 많은 것을 짊어지고 있었다. 나에 대한 부모님의 기대와 스스로의 기대. 게다가 대만으로부터 국비 지원을 받은 상황이었으므로 어떻게든 국가에 도움이 될 방도를 찾아야 했다. 그럴 수 없다면 세금을 납부한 많은 국민들을 배신하는 격이 아니겠는가? 그래서 어떻게든 논문을 써야 한다고 다짐하고 또 다짐했다. 스스로를 격려하면서도 고개를 돌려 컴퓨터 화면 속의 내 논문을 보면 다부졌던 결심은 허무하게 사라졌다. 나는 어떻게 해야 하는 걸까? 이때 텔레비전 광고에서 얼핏 봤던 소위 자기계발의 대가들이 문득 떠올랐다. 그들은 광고 속에서 자신의 책과 상품을 선전하면서 목표를 설정하고 곤란을 극복하는 데 도움을 줄 수 있다고 했다. 이때 나는 생각했다. 이베이에서 이 상품들을 살펴보면 지금의 곤경에서 벗어날 수 있을지도 모른다고 말이다. 설령 진짜 도움이 되지 않더라도 최소한 영어 듣기와 말하기에는 도움이 되겠지 하는 생각이었다. 그래서 나는 이베이에서 'motivational', 'speaker'라는 두 단어를 입력했다. 상위 10개 안에 랭크된 상품은 모두 동일인의 CD 교재였다. 그는 바로 전 세계에서 가장 유명한 자기계발의 대가 앤서니 로빈슨Anthony Robbins이었다.

돈을 아끼려 CD가 아닌 중고 카세트테이프를 샀다. 테이프 10달러에 운송료 포함 12달러. 이렇게 나는 앤서니 로빈슨의 『네 안에 잠든 거인을 깨워라—무한 경쟁 시대의 최고 지침서』를 입수했다. 카세트테이프를 받은 그날, 나는 잠자리에 들어 틀어보았다. 듣자마자 느낌이 왔고 결국 잠들지 못했다. 1주일 동안 교재를 모두 들었다. 그러자 매일 긍정적인 기운이 충만해졌다. 게다가 어떠한 방법으로 심리와 생리적 상황을 조절하는지 알게 됐다. 나는 강력하게 지속될 자신감을 확보했다. 이윽고 정신이 또렷한 상태에서 책상 앞에 앉았고, 빠른 속도로 논문을 집필해갔다.

앤서니 로빈슨의 교재는 왜 이리 신통했을까? 그 이유를 간단하게 모두와 공유하고자 한다. 사실 그의 이론은 신경언어학에 기반한다. 그는 사람은 모두 고통을 피하고 쾌락을 추구하고 싶어 한다고 말한다. 그리고 우리는 하나의 일을 신중하게 골라서 그 일의 성격을 정의해야 한다고 했다. 왜냐하면 정확한 정의는 정확한 생각과 행위, 그리고 결과로 이어지기 때문이다. 나는 이 대목을 논문 작성에 적용했다. 나는 나의 아름다운 미래를 그리며 스스로와 대화를 나눴다. 논문을 써서 학위를 취득하면 전 중화권에서 첫 번째 무용학 박사(그러면 어때?)가 되는 것이니, 분명히 대학에서 학생들을 가르칠 수 있을(확실하지 않더라도) 것이며, 방송 프로그램의 스페셜 게스트(이는 훗날 망상으로 끝났음이 증명됐다)가 될 것도 분명하고, 더 많은 사람들의 존경(나를 싫어하는 사람이 많긴 하다)을 받을 것이며, 부모님은 이로 인해 기뻐(그들은 분명 기뻐하겠지만, 그 즉시 더 많은 요구를 할 것이다)할 거라고……. 머릿속에 이렇게 아름다운 청사진을 그려 넣고, 논문을 쓸 때 슬럼프가 오거나 피곤해지면 바로 그 아름다운 화면으로 나를 자극했다. 이렇게 노력하며 나를 앞으로 나아가도록 만든 것이다. 그래서 원래는 완성하기 힘들었을 논문을 반년 만에 다 썼고 결국 그토록 바라던 박사학위를 취득하게 됐다.

위에서 말한 것은 사고 방면의 작업이다. 실무적으로, 나와 같이 빠르게 논문을 완성하고 싶은 이들은 당시의 나처럼 모범적인 몇 가지 전형을 찾으면 된다. 대학원 훈련을 받기만 한다면 우리는 기존의 학술연구와 박사논문의 우수성 여부를 판별할 수 있다. 당신의 주제와 유사한 내용의 좋은 논문을 선택해서 저자가 어떤 이론을 인용해서 어떻게 적용하는지 검토한 후, 이 이론을 당신의 연구 방향에 적용하면 논리적인 한 편의 좋은 글이 될 듯한가? 나는 여기서 솔직하게 말한다. 문학박사의 상당수가 억지이론을 쓴다. 당신은 저자와 문학가 혹은 예술가가 그럴 리 없다고 생각할 수 있지만 사실 방법이 없다. 당신은 분명히 '내가 말했으니까'라는 마음가짐을 가져야 한다. 적합한 이론을 당신의 논리에 적용하고, 합리적으로 그럴듯하게 말하기만 한다면, 아무도 당신이 틀리다고 지적하지 않는다.

이상은 문과의 방법이다. 만약 이과라면, 내 생각에는 분명한 우수저작 및 걸작이 있을 것이다. 그 연구성과 안에 참고자료가 표기돼 있다면 당신은 모두 가져다 인용할 수 있다. 또한 이런 당신이 연구 결과에 필요하고 적합한 도구들을 찾는 데도 도움이 된다. 이런 기술들을 성공적으로 배운다면 당신은 계속 마음먹은 대로 할수 있다. 하지만 잊지 말아야 할 것은 인용하려면 각주로 출처를 밝혀야 한다는 사실이다. 그렇지 않으면 표절이 된다. 논문은 쓰레기가 되며 소송과 학위박탈에 직면하게 될 것이다.

학위 취득 과정에서 실질적으로 중요하지만 아무도 말하지 않는 사실에 대해, 이 책에서 나는 대담하게 말하고자 한다. 석사 혹은 박사학위 취득에서 논문의 질보다 더 중요한 것은 '지도교수가 당신을 좋아하는가'라는 문제다! 이것이야말로 결정적인 요소다. 교수가 당신을 좋아한다면, 각 방면에서 당신의 논문 완성을 지원하고 다른 교수들을 설득해 당신의 졸업을 지지해줄 것이다. 그러나 만약 당신을 싫어한다면, 당신의 연구가 아무리 우수해도 꼬투리를 잡고야 말 것이다. 그러므로 학위 취득은 연구만 하면 되는 간단한 일이 아니라, 심오하고 예술적인 감각이 필요한 인간관계학이다.

방금 언급한 내용들을 직장에서도 적용할 수 있다. 우리는 계속해서 아름다운 희망을 그리며 일할 때의 청사진으로 삼아야 한다.

모든 노력이 정해둔 목표를 향해 나아가도록 해야 한다. 이 과정에서 명사나 선배를 찾아 자신의 모델로 삼아야 한다. 언제든지 그들에게 가르침을 구하고, 그들이 할 수 있는 것과 해본 것들을 모두 자신의 자양분과 능력으로 소화시켜야 한다. 심지어 자신이 그들보다 더 우수하도록 스스로에게 요구하고, 상사와의 거리와 관계를 장악해나가야 한다. 그들이 당신의 노력을 느낄 수 있고, 당신이 때때로 그들의 가르침을 필요하다는 걸 알 수 있고, 당신이 그들에게 진심으로 감사하고 높여 생각한다는 것을 그들이 인지하도록 해야 한다. 이렇게만 할 수 있다면, 당신의 직장생활이 탄탄대로일 것임에 의문의 여지가 없지 않겠는가?

TIP

달인의 팁: 목표를 설정한 후 목표 달성 이후 얻을 수 있는 쾌락을 최대한으로 설정해서 지금 자신의 행동을 독려하고 격려하라. 동시에 달성하지 못했을 때의 고통을 강력하게 설정하라. 가장 좋은 방법은 동일 영역의 좋은 본보기를 찾아서 그 본보기와 같은 관념을 갖고 같은 방법을 취하는 것이다. 그러면 당신은 그들과 완전히 동일한 수준은 아니더라도 최소한 일인지하 만인지상이 되어 다른 이들을 앞서갈 수 있다.

하나의 제안으로
백만의 수입을 가져오다

미국에서 접한 앤서니 로빈슨의 이론은 내게 거대한 영향을 미쳤다. 신속하게 논문을 쓰고 학위를 취득한 것 외에도 자아탐구와 자아인식에도 영향을 미친 것이다. 나는 '뜻이 있다면 같은 사람일 뿐이다有爲者亦若是'라는 사실을 발견했다. 원래 내가 되고 싶었던 것은 앤서니 로빈슨과 같은 자기계발의 대가였다. 한 권의 책을 내면 전 세계에 5천만 권 이상 팔리고, 한 번의 강연에 최소한 4백만 대만달러 이상의 수입을 확보한다. 사실 나는 돈보다 많은 이들에게 긍정적 영향을 주고 싶다. 앤서니 로빈슨의 자기계발 강연을 들었던 수많은 사람들이 자신의 세상을 만들거나 자기 영역에서 성공하는 사람이 됐다. 대만의 유명한 연설가이자 교육가인 전법원 변호인 루쒀웨이盧蘇偉도 앤서니 로빈슨의 도움을 받아 꿈을 이루고 많은 이들의 자기계발에 도움을 줬다. 나는 이 일이 바로 내가 원하던 것이었음을 발견했다. 내가 원한 건 박사학위를 취득해서 무용학과 학생들에게 강의하고 승진을 위해 아무도 읽지 않을 논문을 쓰는 게 아니었다. 더 큰 무대에서 더 큰 영향력을 발휘하는 것이야말로 내가 원하는 일이었다. 자기계발의 대가가 되기 전까지 유명 프로그램의 사회자가 되어서 인기를 모으면, 자기계발의 대가가 되었을 때 더 많은 사람들을 도울 수 있을 것이다. 이게 바로 나의 내부에서 형성된 장기 및 단기 목표였음이 선명하게 드러났다.

학위를 취득하고 대만에 들어와서 가장 먼저 책부터 출판했다. 나는 저서가 있으면 사람들의 이목을 끌어 팬을 만들 수 있고, 이론을 심화해서 인기를 끌 수 있다는 사실을 알고 있었다. 그래서 책을 집필해 출판하는 것은 내게 필수 불가결한 작업이었다. 당시의 나는 아무런 이력과 배경이 없었다. 나는 먼저 서점에 비치된 베스트셀러들의 판권 페이지를 하나씩 훑었다. 출판사와 담당 편집자 이름, 회사의 전화번호와 이메일 주소, 팩스 번호 등을 베껴 적은 후 집에 돌아와 출판제안서를 작성했다. '하나만 걸려라'라는 마음으로 이 제안서를 출판사 20곳에 보냈다.

출판제안서는 명확했다. 1페이지로 작성해 몇 개의 중점을 부각했다. 눈에 띄는 책 제목, 명확한 개요, 내 연락처, 그리고 특별히 15세에서 35세의 독자층을 공략해야 한다는 내용을 삽입했다. 청춘의 시기, 이성을 알고 싶어 하는 남자와 여자들을 주 독자층으로 설정하며 내가 직접 책의 특징과 장점을 정리했다. 이 책은 대만 역사상 최초로, 이성과의 연애를 주제로 하는 책이었다. 책 내용은 모두 나의 직접적인 경험에 근거해 채웠고 실제 사진을 활용했으며 실용적이고 흥미로운 내용을 담았다. 독자의 마음을 사로잡고 그들의 호기심과 사교욕을 만족시킬 만한 책이었다.

이러한 내용으로 한 페이지를 채웠고 많아도 두 페이지를 넘기지 않았다. 명료하게 작성해서 출판사가 쉽게 선택할 수 있게 해야 했다. 제안서를 보낸 뒤 세 출판사에서 관심을 보였다. 일주일도 채 지나지 않아 내게 연락이 온 것이다. 특이한 주제 덕분이었고, '책이 팔릴 수 있을 것'이라는 내 설득도 유효하게 먹혔다. 알아둬야 할 것은, 출판사가—극소수의 상징적인 책을 제외하면—돈을 벌기 위해 책을 출판한다는 사실이다. 즉, 출판사는 손해 보는 장사는 하지 않으려 한다. 출판사가 당신의 책을 내게 만들고 싶다면 최소한 '손해 보지 않을' 거라고 말해야 하지 않겠는가? 내 제안은 출판사의 흥미를 이끌어냈고 책 역시 성공했다. 출판 직후 곧바로 2쇄에 들어간 것이다. 나는 지금도 그 책의 인세를 받고 있다.

폭발적인 업적의 가장 좋은 동반자는 바로 당신 자신이다

이후 나는 17권의 책을 연달아 출판했다. 간체자까지 포함하면 모두 20여 권이 된다. 몇 년이 지나 나는 어느 정도의 규모를 갖추고 마케팅과 유통에서 뛰어난 몇 군데의 출판사를 제외한 대부분의 출판사들이 그저 '책이 팔리기만 기도하고' 있다는 사실을 발견했다. 이런 출판사들은 출판 자체, 저자 홍보, 후속 마케팅에 한계가 뚜렷했다. 그래서 나는 스스로 이런저런 일을 벌려 책 판매를 촉진했다. 그렇지 않으면 책 판매는 정체되고 창고에는 부채가 쌓여갈 터였다. 내 이념과 생각을 효율적으로 알리지 못했다면, 이 책은 내가 유명한 진행자 혹은 자기계발의 명사가 되는 데 도움이 되는 선전도구 노릇을 할 수 없었을 것이다.

그래서 최근 몇 년 동안 효율적으로 책을 판매할 수 있는 방법들을 모색했다.

1. 책의 내용은 반드시 좋아야 한다. 거리에 널린 것이 책이다. 경쟁은 매우 치열하다. 그러므로 본문과 표지 디자인 등이 어느 정도의 수준이 돼야 한다. 그렇지 않으면 당신의 책은 매대에서 눈에 잘 보이지 않는 곳에 방치될 것이며, 독자들은 당신의 책을 볼 수 없게 된다.

2. 저자라면 즐겁게 독자와 소통해야 한다. 나는 책 제목을 정할 때부터 페이스북과 블로그에 이 사실을 알리고 다른 이들이 동참할 수 있게 한다. 그리고 채택된 사람에게는 책을 선물한다.

3. 지금은 페이스북 팬페이지 같은 플랫폼을 활용하면 된다. 내 책 『단번에 상대를 사로잡는 화술─開口, 就擄獲人心的說話術』을 예로 들어보자. 나는 이때 몇 가지를 시도해봤다. 출판사에 요청해서 책 표지를 내 페이스북 페이지 첫 화면에 삽입할 수 있게 만들어 달라고 요청했다. 그래서 내 페이스북 팬들과 친구들에게 이 새 책의 표지를 각자의 페이스북 첫 화면에 걸고 1개월 동안 유지하면 5,000대만달러 상당의 강연 입장권을 선물한다고 공지했다. 그리고 구매 인증샷을 찍어 보내준 사람에게는 한 달 뒤에 다른 곳에서는 볼 수 없는 중국의 마윈馬雲, 왕스王石, 저우제룬周杰倫 연설의 정수를 분석한 잡지 부록을 보내주었다. 마지막으로 책을 읽어본 사람이 인

터넷 서점에 후기를 올리면, 나는 타이베이나 타이중台北, 가오슝高雄 등지에서 감사 다과회를 열어 이 친구들에게 커피를 샀다. 이런 활동 덕에 책 판매량은 높아졌고 출판한 지 한 달이 채 지나지 않아 6,000권을 팔았다. 인터넷 서점의 분야별 베스트셀러 1위를 달성한 것이다.

4. 자신의 책을 들고 책을 소개하는 영상을 찍어 유튜브 등의 무료 플랫폼에 올린다. 이는 광고 예산 감소를 기대할 수 있을뿐더러 더 많은 이들에게 책을 알릴 수 있는 방법이다.

5. 오프라인 서점과 협력해서 전국 사인회 및 강연회를 개최한다. 이 방식의 효과가 그리 큰 건 아니지만 마주 잡은 손, 함께 찍은 사진은 상대를 당신의 팬으로 만들 수 있다. 독자를 오래 잘 관리하고 싶은 사람이라면 꼭 해야 한다.

6. 출판사에 요청해 책을 방송사와 라디오, 그리고 프로그램 제작사에 보내 그들이 책에 관련된 내용을 편성하도록 한다.

7. 책을 대기업과 학교의 복지위원회, 교육훈련단위, 학생회 혹은 수업 외 활동팀에 보내라. 전화로 연락해 강연 기회를 높이고 강연하면서 책을 팔 수 있게 하라.

이런 방법은 홍보 및 영업에 종사하는 그 누구에게나 큰 도움이 된다. 당신이 이 방법을 잘 따라 하거나 당신이 판매하는 상품에 맞게 약간 조정해서 적용하면 단언컨대 당신의 실적을 증가시킬 수 있다. 특히 나는 사무실이나 관리 파트에서 일하는 사람들을 격려하고 싶다. 다른 이들과의 협력이나 낯선 방식은 당신이 생각하는 만큼 그렇게 어려운 게 아니다. 지인을 통하는 것도 좋고 혹은 소개를 통하지 않아도 충분히 협력의 문을 열 수 있다.

내 사례를 보자. 첫 번째 책이 출판되기 전, 내게는 출판계의 그어떤 인맥도 없었다. 나는 오로지 내가 만든 알찬 제안서에만 의지했다. 12통의 전화를 걸면 누군가는 내게 관심을 가질 것이다. 물론 대부분 내 제안을 거절하겠지만, 한 번의 성공이 가져다줄 수백만 대만달러의 수익과 인기를 놓칠 수는 없다. 이후 나는 책『미인 만나기正妹高峰會』를 출판할 때 유명 엔터테인먼트 회사인 다리안多利安사무소와 협력했다. 그 회사의 연예인 루이샤瑞莎, 우야신吳亞馨, 숭지옌宋紀妍 등이 모두 내 책의 주인공이 되었다. 이 협력 역시 하나의 제안서, 한 통의 전화 그리고 한 차례의 방문에서 시작됐다. 이후 내가 한국에서 친구들과 풍력발전사업을 할 때도 마찬가지였다. 한국어는 유창하지 못했지만, 같은 방법으로 삼성중공업, 현대중공업, 대림중공업의 부문별 책임자와 연결이 돼 협력할 기획을 얻었다. 모두 유사한 원칙과 방법을 사용했다.

인맥이 필요할 때 두려워하지 마라. 당신이 어떤 특별한 가치를 제공할 수 있을지, 어떻게 생각지도 못한 이윤을 창조할 수 있을지, 어떤 회사가 당신과 협력하기를 원할 것인지 생각해보라. 그다음 수화기를 들고 전화를 걸어 당신의 의도를 밝히고 업무책임자인 키맨Key Man과 닿아라. 그 후 조리 있고 예의 있게 당신이 원하는 협력과 그 방법을 상대방과 공유하면 원원할 수 있는 협력의 기회를 창출할 수 있다. 오늘은 실력과 창의성에 기대는 시대다. 당신이 앞서 언급한 방법에 숙달하게 된다면, 당신은 회사들과 좋은 관계를 맺을 수 있고 쉽게 얻기 힘든 성과를 만들어 낼 수 있다.

달인의 팁: 만약 당신이 스스로 뜨거워지는 일에 종사하지 않고 있다면 지금 당장 이직하라. 길은 언제나 변한다. 핵심은 당신이 하나의 영역을 깊게 파고들어 가느냐이다. 나머지 영역, 가령 직장에서의 인간 관계 등은 많은 이들의 생각과는 달리 그리 어렵지 않다. 반드시 지인의 중개나 완벽한 상품이 필요한 것도 아니다. 모든 영역에서, 잠재적 고객은 모두 제각기의 수요가 있다. 관건은 당신이 충분한 접촉을 했느냐이며 상대방의 요구를 적절하게 맞췄냐는 것이다. 충분한 준비가 됐다면 직접 전화를 걸어라. 당신이 잠재적 고객에게 이윤을 제시할 수 있다면, 이런 거래는 성공할 가능성이 있다.

부정적인 사고를 활용해서
긍정적인 효과를 내라

많은 이들이 내가 어떻게 한국에서 중국어 교수가 됐는지 궁금해한다. 나는 단번에 한국에서 일자리를 구했지만, 그 이면에는 몇 가지 중요한 이야기들이 있다.

사람들은 몰랐지만 사실 나는 어쩔 수 없이 한국으로 갔다. 2005년 대만으로 돌아온 뒤 나는 책을 쓰면서 동시에 스젠대학교 외국어학과에서 겸임 조교수 일을 했다. 겸임 조교수, 듣기에는 좋아 보이겠지만 한 시간에 630대만달러(한화 24,000원)를 받는 시급제에 불과했다. 나는 한 주에 4시간 강의를 했으니 한 달 수입이 10,080대만달러에 지나지 않았다. 이 돈으로는 생활이 힘들었다. 그러니 당시 내 수입은 지금의 88만원 세대 청년들보다 더 낮았던 셈이다. 운 좋게도 나는 바로 책을 출판했고 강연이나 행사 사회 등을 통해 어느 정도 수입을 확보할 수 있었다. 2006년 여름방학이 지나고 한국에 가기 전까지 내 월평균 수입은 6만 대만달러 정도였다. 하지만 고정수입이 아니라는 점을 참고해달라. 만약 책이 잘 팔리지 않거나 강연 및 사회 일이 떨어지면 내 소득은 0이 되는 거니까. 가장 낮지만 또한 가장 안정적인 수입은 학교에서 얻는 소득이었다. 비록 10,080대만달러의 박봉에 불과했지만.

겸임 조교수에서 전임 조교수가 된다면 상황은 급변한다. 전임 조교수는 한 주에 8시간 정도. 즉 나보다 딱 2배 정도를 더 가르치지만 수입은 나의 6~7배인 7만 대만달러에 달한다. 그래서 모든 겸임 조교수들이 전임 조교수를 희망하는 것이다. 하지만 결원이 잘 생기지 않기 때문에 이 기회는 쉽게 오지 않는다. 나도 스젠대학교에서 겸임 조교수를 맡고 1년이 지난 뒤 전임 조교수를 희망한다고 학교에 알렸으나 결과는 마찬가지였다. 그러면 결원이 생긴 다른 학교에 지원하면 될 것 아닌가! 그러나 대부분의 학교는 면접의 기회도 주지 않았다. 유일하게 내게 면접의 기회를 줬던 밍촨銘傳대학교의 심사위원들은 모두 나를 좋아하는 것 같아 보였지만, '너무 자신을 홍보하고, 이런 점이 학생들에게 영향을 줄 것'이라는 이유로 거절하면서도 내게 겸임 조교수 자리를 제안했다. 나는 생각했다. 스젠대학교에서 겸임 조교수를 할 때는 그나마 평지를 걸으면서 출근할 수 있다. 그런데 타이베이 밍촨대학교에서 겸임 조교수를 하면 그 높은 언덕을 죽도록 오르면서도 월급은 똑같이 10,080대만달러. 게다가 세금을 제하면 9,700대만달러. 이게 무슨 의미가 있겠는가? 그래서 나는 '대만에는 더 이상 기회가 없으니 다른 나라에서 한번 도전해 보자!'라고 결심했다.

나에게 한국은 아시아에서 가장 매력적인 나라였다. 당시 나는 한국의 대중문화에 큰 관심을 가졌고 한국의 대중문화가 미래에 큰 영향력을 발휘할 거라고 생각했다. 그래서 미리 한국에 가서 '중국어를 가르치며 나 또한 한국어를 배워두면, 내 한국어 실력을 높일 수 있고 이후 프로그램 사회자가 됐을 때 활용 가능한 또 하나의 무기가 생기는 것 아니겠는가. 이렇게 되면 나는 중국어, 영어, 일본어, 한국어 등 4개 국어를 유창하게 구사할 수 있는 사회자가 되는 격이니 성공하기 쉽지 않겠는가?

그래서 나는 구글을 통해 'Chinese professor wanted, Korea'를 검색했다. 몇 개의 결과가 대번 눈에 들어왔지만 2006년 당시 구인 중인 곳은 홍익대학교뿐이었다. 다른 학교들의 공지는 모두 '예전'에 올라온 것들로 일부는 2004년, 일부는 2002년, 심지어는 1999년 정보도 있었다.

이럴 때 대부분의 사람들은 홍익대학교만 지원할 것이다. 하지만 나는 기상천외한 역발상을 시전했다. 결원이 난 홍익대학교에 신청하는 것은 당연한 일이다. 덧붙여 나는 다른 학교도 올해 결원이 발생할 가능성이 있다고 생각했다. 왜냐하면 해당 모집 공고에 외국인 교수의 임기가 최대 2년 혹은 1년+1년뿐이라고 쓰어 있었기 때문이다. 그러니 몇 해 전에 채용된 교수들이 귀국하면 결원이 발생하게 될 것이며 나 역시 지원이 가능하지 않겠는가? 게다가 내가 구글에서 공고를 찾지 못했을 수도 있고 검색에 공고가 걸리지 않았을 수도 있다. 그래서 나는 과거 공고에 공개된 번호로 하나씩 전화를 걸었다. 목적은 더 많은 기회를 확보해서 한국에서 일할 수 있는 확률을 높이는 것이었다.

하지만 홍익대학교 외의 다른 학교들은 그해 초빙교수 수요가 없었다. 가장 처참했던 것은 당시 내가 한국어를 전혀 할 수 없었다는 점이었다. 일부 한국 학교들의 담당 교직원 중 영어가 익숙하지 않은 사람도 있었다. 그러니 우리는 서로 다른 말을 했던 셈이다. 심지어 어떤 사람은 보이스피싱인 줄 알고 '에이씨' 하는 짜증을 내뱉거나 'Don't call anymore!'이라고 외쳤으니 듣는 나로서는 정말 처참하기 그지없었다. 하지만 잘 생각해보면, 이것은 사실 하나도 비참한 일이 아니었다. 때로 듣기 거북한 거절을 몇 번 듣는다 해도, 국제전화비 얼마를 들여 더 좋은 일자리를 노리는 것이다. 어찌 멈추겠는가? 게다가 당시 한국의 교수직 대우는 대만보다 2배는 더 좋았다. 좋은 일자리를 얻기 위해 서러운 일을 당하는 것 정도는 대수롭지 않다.

부정적인 사고에 긍정적인 의미를 부여하고 적극적인 행동으로 전환하라

때마침 홍익대학교에는 자리가 있으니 나는 결사적으로 이 기회를 잡아야 했다. 하지만 이때의 나는 겉보기와는 달리 부정적인 생각이 머리를 떠나지 않았다. 한국에 살아본 적은 없지만, 한국은 대만보다 더 보수적인 사회이고, 지연과 학연을 중시하는 문화라서 인터넷 모집 공고는 그저 형식이며 실제 내정자가 정해져 있다는 얘기들이 떠올랐다. 그들이 홍익대학교를 졸업한 박사 혹은 제자들만 뽑을 수도 있다. 그렇다면 아무 인맥도 없는 나에게는 그 어떤 기회도 존재하지 않는 셈이 된다. 게다가 한국은 일찍이 대만과 국교를 끊었고, 당시 그들이 배우려는 중국어는 흔히 말하는 보통화 즉, 간체자와 북경발음을 일컫는 것이니 대만인이 필요 없을 수도 있다. 혹은 한국의 학교들은 이미 '거류신분'이 있고 '한국어가 가능한' 사람만을 원할 수도 있을 것이다. 한국인과 결혼한 중국인이나 대만인 혹은 한국에서 유학하고 몇 년 동안 일해본 경험이 있는 학자, 또한 현지 화교 등을 선택해 '새 교수를 위해 신분증을 신청'하는 비용을 절감하려 들지도 모른다. 별명이 '자기계발의 대가'인 내게 떠오르는 부정적인 생각은, 아마도 더 정확하고 현실적이었을지도 모른다.

반면 여러분은 다음과 같이 생각해도 된다. 부정적인 생각에는 사실 긍정적인 요소가 있다. 곤란과 역경을 만날 때 빚어지는 부정적인 생각과 그 생각대로 흘러가는 결과는 모두 매우 정상적인 일이다. 하지만 우리는 부정적인 생각으로 스스로를 '가두고', '쓸데없는 일을 하는 것보다는 아예 하지 않는 편이 낫다多一事不如少一事'의 상태가 돼 아무것도 하지 않으려 한다. 나는 오히려 부정적인 생각이 가진 힘을 잘 이용해야 한다고 생각한다. 최악의 경우를 미리 따져본 다음 방안을 궁리해서 '나쁜 상황을 어떻게 잘 이끌어 나갈 것'인지 고민해야 하는 것이다.

내가 한국에 가서 면접을 보고 구직활동을 하는 것 역시 마찬가지다. 그저 부정적인 시각으로만 보면 합격도 어렵고 항공권 값만 날리는 것에 불과하다. 이게 나의 최악이라면 나는 무엇을 할 수 있을까? 이 최악의 상황에서도 얻어낼 수 있는 긍정적인 요소는 무엇일까?

나는 이렇게 대응했다. 어머니께 "어머니, 곧 생신이시죠. 이렇게 하시는 것이 어떻겠습니까? 제가 어머니를 모시고 한국에 가겠습니다. 첫날에는 저랑 같이 면접에 가셨다가, 제가 면접을 마치고 나오면 어머님을 모시고 한국을 3박 4일 동안 여행하겠습니다." 이러면 나는 면접에서 떨어져도 최소한 어머니께 효도를 한 셈이 된다. 즐겁게 문화적인 여행을 할 수 있는 건 덤이다!

조금 더 적극적으로 생각해보자. 홍익대학교 면접 외에도 이왕 가는 김에 한국에서 잘 팔리는 물건이나 브랜드를 발굴해서 업체 사장과 접촉할 수도 있다. 그 물건들의 대만 대리점을 열 수 있는 가능성도 생기는 것이다. 혹은 심도 있는 여행을 하며 사진과 기록을 가지고 대만에 돌아와 서울의 테마여행이란 주제로 책을 낼 수도 있겠지. 이 모두가 부정적인 감정을 적극적인 행동으로 전환시킨 좋은 사례다.

그러니 당신도 마찬가지다. 해외에서 일자리를 구할 때 부정적인 생각과 판단이 들어도 개의치 말고 큰 포부로 그것들을 수용해라. 다만 그런 생각들에 구속되어서는 안 된다. 오히려 부정적인 생각들을 이용해서 추길피흉趨吉避凶(길한 것을 쫓고 흉한 것을 피하다)하고 나아가 성공의 도구로 만들어야 한다. 만일 당신이 해외 구직에 몇 차례 실패한다 해도 당신은 '해외구직의 달인'이 될 수 있다. 그리고 이 경험들은 인터넷에서 글을 쓰거나 책을 출판할 때 좋은 재료가 될 수 있지 않을까? 행동은 긍정적인 에너지를 만든다. 공상은 결국 아무것도 아니다!

달인의 팁: 부정적인 사고는 매우 정상적인 것이다. 그러나 우리는 이 부정적인 사고 속에서 긍정적인 요소를 찾아야 한다. 더 나아가 신속하게 성공할 수 있는 방안도 모색해야 한다. 이 과정에서 분명한 기회를 봤다면, 부정적인 생각이 당신을 붙잡기 전에 자신에게 이렇게 말하는 것이 좋다.

"나는 아직 젊다. 한 차례의 성공은 아무런 의미가 없다. 한 차례의 실패도 아무것도 아니다. 하면 된다. 길게 보면 모두가 일종의 성과다. 손실이 아니다."

한국에서 일을 구하다

나는 한국 홍익대학교 면접을 매우 성공적으로 끝냈다. 그때 사용한 면접의 기술을 여러분과 나누고자 한다.

홍익대학교 면접장에 들어서자마자 나는 내 예상이 적중했음을 알게 됐다. 학교 측은 신청자가 20명을 넘어서 '모두 함께' 면접을 보게 했다. 그해 정원은 단 1명이었으니 경쟁률은 1/20이었다. 멀리 대만에서 넘어와 면접을 보는데 실패한다면 그야말로 큰 손실이었다.

대부분 사람들은 경쟁자들과 있으면 비슷한 모습을 보인다. 긴장과 적의 때문에 옆 사람과 이야기조차 나누지 않는다. 하지만 나는 '작업'의 기술을 발휘해 모든 후보자들과 즐겁게 대화를 나눴다. 대화를 통해 내 긴장도 풀 수 있고 한편으로 상대방을 자극하거나 유용한 정보도 얻을 수 있었다. 면접 때 대기장소는 8층이었고 면접

장소는 9층이었다. 당시 나는 3번이었고 1번의 면접이 끝난 후 2번과 함께 9층 회의실로 올라가 면접을 기다렸다.

올라가며 갓 면접을 마친 1번 면접자와 마주쳤다. 면접 전 나와 대화를 나눈 사람이었다. 나는 그녀에게 면접장 분위기를 물어보았다. 그녀는 면접장 안에 3명의 면접관이 있고 들어서면 바로 착석한 후에 문답이 시작된다고 얘기해줬다. 이로써 나는 면접장의 대략적 상황을 파악할 수 있었다. 나는 다른 이들과 차별성을 어떻게 만들어 낼지 궁리하기 시작했다.

기다림이 이어졌고 이윽고 2번 후보자가 나왔다. 그는 중국에서 온 교사였다. 그는 북경식 발음으로 내게 투덜거렸다. "에이, 이 학교는 왜 이래. 나보고 추천서랑 저서를 가지고 오라더니 정작 면접관들은 보지도 않잖아. 툭툭 질문만 던지고 있어. 내 추천서는 베이징대학교 총장이 써준 거란 말이야! 정말 시간과 인맥만 낭비했군." 그의 투덜거림에서 난 또 하나의 정보를 얻게 됐다. 준비한 추천서와 출판된 저서를 스스로 꺼내 놓고 알리지 않으면 심사위원들은 아예 보지도 않는다는 점이다. 그래서 나는 바로 고개를 숙이고 재빨리 수중의 자료를 세 부로 나눴다.

면접장에 들어선 후 나는 다른 면접자들처럼 앉은 채로 마냥 답변만 늘어놓지 않았다. 나는 먼저 세 명의 면접관에게 안부를 묻고 나서서 그들 한 명 한 명에게 미리 3부로 분류해둔 내 개인 자료를 넘겼다. 거기에는 내 이력서와 추천서, 그리고 한 권의 책이 있었다.

여러분들은 내 행동의 이유를 알겠는가? 이는 사실 심리학의 '한정'이란 방법이다. 내가 이력서를 심사위원들 앞에 놓는 순간, 그들은 내가 제공하는 정보 안에서 질문을 하게 된다. 그들이 생각나는 대로 묻고 내가 수동적으로 답변하는 상황을 벗어날 수 있는 것이다. 더군다나 내가 그들 앞에 내 책을 내려놓지 않았던가. 그들은 이렇게 생각할 것이다. '이 사람은 나이도 젊은데 벌써 책을 세 권이나 출판했구나. 당연히 그의 중국어 실력도 괜찮겠지? 그를 합격시키면 기초 중국어뿐 아니라 중국어 작문 수업도 가능할 테니 우리 학교에 더 큰 이익 아닌가?'

결론적으로 이 세 명의 면접관들은 나의 '한정'의 범주에서 벗어나는 질문을 던지지 않았다. 하지만 전문적인 능력만 놓고 보면 중국어 강의 경험이 있는 다른 신청자들과 나는 실력 면에서 큰 차이가 없다. 나는 언어학이나 교수법에서 특장점을 드러내긴 어려웠다. 그러니 다른 특이점이 있어야 심사위원들의 이목과 마음을 끌 수 있을 터였다. 나는 면접을 보러 한국에 가기 전 이미 준비를 해뒀었다.

승부처를 장악해 면접관의 주목을 끌어라

한국으로 출발하기 2주 전에 일전 타이베이 지하철에서 알게 된 다영, 지원과 만났다. 그들은 숙명여자대학교에서 대만 원화文化대학에 교환학생으로 와 있었다. 나는 그들에게 아주 중요한 한국어 한마디를 배웠다. 나는 이 한국어가 면접에서 결정적인 한 마디가 되리라 생각하고 미리 연습까지 했다. 어떻게 하면 면접 중에 자연스럽게 내뱉을 수 있을지 궁리하며.

기회가 왔다! 3인의 심사위원 중 한 명인 김 교수가 면접이 마무리될 즈음에 내게 질문했다. "정 선생님, 당신도 알다시피 우리 학교의 강의는 일주일에 3일에 불과합니다. 그나마 하루에 4시간 정도고요. 남는 시간 동안 당신은 무엇을 할 생각입니까? 한국 문화 중에 선생님이 흥미를 느끼는 부분이 있나요??"

그녀가 물어오는 순간 나는 '예상이 적중했다'는 사실을 알았다. 나는 바로 미리 외워둔 그 한국어를 표준 발음으로 읊었다(당시 내 한국어 실력은 거의 제로 수준으로 간단한 몇 마디만 가능한 상태였다). "저는 한국의 정신과 문화를 배우러 왔습니다." 한 마디를 한국어로 말하고 바로 중국어로 보충 설명을 했다. "저는 역사를 배우면서 한국과 대만이 굉장히 유사하다는 사실을 알게 되었습니다. 일본은 50년에 이르는 식민 통치 기간 동안 한국의 문화를 뿌리 뽑기 위해 가혹한 통치를 자행했습니다. 이 땅의 모든 자원을 약탈해 갔습니다. 2차 세계대전 당시 한반도는 전장이 되었고, 피해를 받았습니다. 또 전쟁이 끝난 뒤에는 예상하지 못했던 한국전쟁까지 터졌습니다. 저는 궁금했습니다. 이렇게 전쟁의 참화를 겪고 빈곤에 굶주리던 국가와 민족이 50여 년이 지난 오늘날 현대자동차, 삼성전자, 포항제철, 하이닉스 반도체와 같은 세계 일류 대기업을 만들어냈습니다. 한국에 오게 된다면 도대체 어떤 민족, 정신, 문화가 이러한 불가능한 기적을 창조해냈는지 알아보고 싶습니다!"

나는 내 말이 채 끝나기도 전에 세 명의 심사위원이 모두 눈물을 참아야 할 만큼 감동을 받았다는 사실을 느낄 수 있었다. 당연히 따뜻한 분위기에서 면접은 종료됐다. 그리고 나는 일주일 뒤 교수진에 합류하게 된 것을 환영한다는 홍익대학교의 편지를 받았다.

한국에서 7년간 교육계에 몸담았던 경험은 내 한국어를 발전시켰을 뿐 아니라 대만-한국 두 지역에서 세 개의 부동산을 소유할 수 있는 부를 쌓게 해줬다. 또한 한국 연예계와 재계 인맥까지 얻었으니 정말로 큰 수확이었다.

내가 한국의 치열한 면접에서 두각을 드러낼 수 있었던 것은 면접의 포인트를 장악했기 때문이다. 그것은 바로 '타인의 비위를 맞추는' 것이다. 모두 알다시피 한국은 민족적인 자부심이 강하며 체면을 중시한다. 내가 다른 지원자처럼 중국어 강의에 전문적인 실력을 갖추고 있으면서 동시에 '적당히 비위 맞추기'가 가능하다면, 이는 호랑이에 날개를 단 격이다. 한국을 좋아하지 않는 사람들 입장에서는 그런 말들이 그저 아첨에 불과하다고 여길 수 있다. 하지만 조금 더 생각해보라. 한국의 경제는 원래 대만보다 15년은 뒤처져 있었다. 하지만 지금 그들의 자동차 산업, 세계를 호령하는 휴대폰 산업, 그리고 액정 TV 기술은 모두 대만이 쫓아갈 수 없는 수준에 이르렀다. 부정할 수 없는 사실이다. 나는 이러한 사실들을 강조하면서 적절한 상황에서 적합한 방식으로 말하여 사람의 마음을 움직였고 가산점을 받아낸 것이다. 만약 당신이 이런 기술을 잘 활용할 수 있고 해당 나라의 문화와 회사의 배경을 잘 이해한다면, 면접관은 당신에게 좋은 인상을 받을 게 분명하다. 합격 가능성을 높일 수 있는 것이다.

자신의 장단점을 평가하고 단번에 두각을 드러내라

이 외에도 해외 구직을 염두에 두는 사람들은 '학교에서 배운 지식'을 잘 활용해서 실무에 결합해야 한다. 비즈니스 상식이 약간 있다면 SWOT 분석을 알 것이다. SWOT 분석은 다음과 같다.

S : 장점(Strengths)

W : 단점(Weaknesses)

O : 기회(Opportunities)

T : 위협(Threats)

SWOT는 주로 기업경쟁력 분석 때 활용하는 일종의 평가도구다. 조금 변용하면 인력 자원 시장에 응용할 수 있다. 당신도 하나의 상품 아닌가? 순조롭게 '팔리기'(피고용인) 위해서 SWOT를 이용해 자신의 장단점과 기회, 위협을 분석 평가하고 면접을 대비하라. 면접관의 마음을 사고 합격을 담보할 좋은 기준이 아니겠는가?

나의 동창 에릭은 영국에서 석사학위를 취득하고 졸업 후 첫 면접에서 선전하지 못했다. 다행스럽게도 에릭을 고용하지 않았던 그 회사의 사장이 그에게 SWOT 분석을 자기소개서와 면접에 응용해보라고 조언했다. 에릭은 다음 면접에서 새 회사에 분명하고 명확하게 말했다. 그는 자신의 장점으로 이미 유사한 업무를 했던 경험이 있으며 공급상이 모두 중국인이므로 자신의 중국어가 회사에 많은 이윤을 안겨줄 것이라고 강조했다. 단점으로는 모국어가 영어가 아니라 중국어라는 점인데, 그는 영어로 소통하고 배우기를 원하기 때문에 단기간에 영어능력을 향상시킬 수 있다고 주장했다. 기회방면에서는 MBA 과정에서 배운 비즈니스 지식으로 이 회사에 새로운 상품을 제안할 수 있고 독창적이고 시도해볼 만한 몇 가지 아이디어가 있다고 이야기했다. 위협으로는 경쟁자들이 상품 가격을 인하하는 방식으로 경합하기 때문에 회사 상품이 위협받고 있는 사실을 제시하고, 이에 대한 생각해둔 몇 가지 방책을 회사에 제공해 참고할 수 있게 하겠다고 말했다.

이렇게 분명하고 명확하게 자신의 능력과 회사에 제공할 수 있는 부분을 분석해서 에릭은 자신의 장점을 부각시켰다. 또한 자신의 단점을 극복해서 다른 유수의 경쟁자들을 이기고 영국에서 일할 수 있었다. 그 후 그는 자기 회사를 창업하기에 이르렀고 영국 영주권을 취득해 아직도 타국에서 살고 있다. 나는 최근 그가 대만을 방문해 내게 했던 말을 잊지 못할 것 같다. "내가 영국에서 일할 때, 대만인들의 지혜와 의지를 믿지 못해서 영국인을 이기지 못했어!"

여러분, 당신은 반드시 자신만의 경쟁력을 믿어야 한다. 절대로 외국인에게 져서는 안 된다! 평상시에 쌓아둔 실력과 효과적인 면접 기술을 활용해 스스로를 드러내고 꿈에 그리던 직업을 잡아내야 한다!

달인의 팁: 학교 다닐 때 교과서에서 배운 지식을 운용하지 않는
다면 그것은 일종의 낭비다. 면접의 기술, 마케팅 관
리 책략, 판매 기술 등은 사실 당신이 읽었던 책들에
모두 소개된 것들이다. 핵심은 이것들을 당신의 생활
과 직장에 녹여내 실천해야 한다는 것이다. 당신이 책
에 나온 개념을 통달하고 이를 실천할 수 있다면 300
대만달러의 투자는 30만, 300만 이상의 효과를 가져
다줄 것이다.

미녀를 쫓아다닐 필요 없다,
더 넓은 인맥을 쌓는 게 훨씬 낫다

내가 출판한 초기의 책 몇 권은 모두 사람들의 이목을 끄는 주제, '작업 걸기搭訕'에 대한 것들이다. 내가 정의하는 '작업'은 그저 이성을 유혹하는 게 아니라 일종의 주체적이고 적극적인 정신을 뜻한다. 동시에 '애정 전선과 비즈니스'에 있어 스스럼없이 자신을 드러내는 기술을 의미한다. 이 적극적인 작업을 통해 누군가와 사귀면 절대적인 자신감, 절묘하고 아름다운 소통의 기술, 그리고 좌절에 직면하는 능력 등 세 방면에서 많은 훈련을 통해 발전할 수 있다. 또한 전방위적으로 자존감이 상승하며 이로 인해 이성과 직장에서의 매력 역시 강화된다. 이 모두는 자신도 예상하지 못한 많은 기회로 이어진다. 내가 바로 이런 작업의 대표적 수혜자다. 그래서 나는 온 힘을 다해 이런 생각들을 전파해왔다. 모든 사람들이 모수자천毛遂自薦(자기가 자기를 추천한다는 뜻)의 정신을 활용해 애정전선과 비즈니스에서 승리하기를 기원한다.

2009년, 나는 베이징 모 단체의 요청으로 '매력적인 중국 남성들의 고위급회담'에 사회자로 참가했고 주최자인 렁아이와 좋은 친구가 되었다. 그의 열정적인 초대에 못 이겨 식사를 하기도 하고 그의 집을 방문하기도 했다.

한번은 그의 아파트에서 엘리베이터를 타고 내려가고 있을 때 미모의 여성이 강아지를 끌어안고 엘리베이터에 올랐다. 렁아이는 나를 살짝 치더니 그녀가 한국인일 거라고 속삭였다. 그 순간 나는 주저없이 입을 열어 그녀에게 말을 건넸다. "한국분이신가요?" 상대는 깜짝 놀랐고 우리는 한국어로 대화를 나눴다. 대화는 유쾌했고 다른 일이 없던 그녀는 우리를 따라 지하주차장까지 내려왔다. 대화를 통해 나는 그녀의 이름이 루루이며 5년 전에 중국에 왔다는 사실을 알게 됐다. 그녀의 중국어 실력은 나쁘지 않았다. 그녀는 내 한국어 실력에 놀라워했다. 그녀는 내가 한국인인 줄 알았다며 웃었고 우리는 전화번호를 교환했다. 내가 베이징을 떠나기 전, 커피 한 잔을 나누며 대화하기로 약속한 것이다.

나는 이틀 뒤에 베이징을 떠나 한국으로 돌아가야 했다. 그래서 바로 다음 날 그녀에게 전화해 이틀 뒤 점심 식사를 함께하기로 약속했다. 그런데 전화기 너머 들려오는 그녀의 목소리에서 약간의 주저함과 정체 모를 불안함이 느껴졌다. 조금 이상하게 생각했는데 식사하며 그 이유를 알게 됐다. 그녀는 백인 남자친구와 최근 다툼이 있었는데 이 때문에 이별을 한 것이었다. 상대는 바람을 피운 것도 모자라 그녀를 쫓아내기까지 했다. 그녀는 베이징에서 의지할 곳이 없었다. 2주 뒤 귀국 비행기를 타기로 돼 있었지만 수중에 남은 돈도 얼마 없어서 어찌할 바를 모르고 있었다.

그날 저녁, 나는 공항으로 배웅해준다는 렁아이를 기다리고 있었다. 그때 생각 하나가 번뜩 스쳐 지나갔다. 나는 루루에게 말했다.

"잠시 뒤 내 친구 렁아이가 온다. 그를 소개해주겠다. 그는 지금 몇 명의 친구들과 룸쉐어를 하고 있으니 빈 방이나 거실, 소파에 너를 머물게 해줄 것이다."

실제로 열정적인 렁아이는 루루를 도와줬다. 루루는 렁아이의 집에서 2주 동안 머물 수 있었다. 내가 이렇게 루루를 도와준 덕분에 그녀는 내게 고마운 마음을 가졌고 우리는 좋은 친구가 됐다. 시간이 흘러 그녀는 나의 가족과도 친분을 쌓았다. 그녀는 내게 가족 같은 친구다.

우리는 한국에서도 계속 연락을 주고받고 이야기를 나눴다. 그러다 루루가 친구를 소개시켜 주겠다고 나섰다. 만남을 가진 후에야 그 친구라는 자가 지미 형이란 것을 알았다. 그는 곽경택 감독의 회사 총책임자이자, 곽 감독의 대리인이었다. 그는 세계 시장으로 진출하고 싶어 했다. 특히 곽 감독 작품을 비롯한 한국영화를 중국시장에 소개하려 했다. 그는 루루를 통해 나를 알게 됐고 우리는 끈끈한 협력 관계를 형성했다.

이런 인연으로 나의 또 다른 직업은 곽경택 감독의 중화권 광고 대리인이 됐다. 그를 각지에서 홍보하고 중국, 홍콩, 대만에서 공동 촬영할 기회도 모색한다. 목표는 곽 감독이 디렉터를 맡고 한국 남자 주인공 중국 여자 주인공을 찾아 한중 협력 영화를 촬영하고 두 나라에서 모두 상영하는 것이다. 그래서 나는 쓰촨四川에 가서 내 새 책을 홍보하는 와중에 쓰촨 최대 규모의 영화사를 방문해 협력 가능성을 논의하기도 했다. 그리고 대만 산수이山水 영화사와 TV제작의 귀재 왕웨이중王偉忠 선생에게 연락을 취했다.

지금까지의 이야기와 나의 경험이 여러분의 자기계발에 도움이 되길 바란다. 밖으로 향하려면 많은 인연을 만들어야 한다. 낯선 이들에게도 상냥하게 대하라. 상대방이 어떤 보답을 내게 줄지 알 수 없다. 특히 남자들에게 강조하고 싶다. 대부분의 남자들은 루루 같은 아름다운 여성을 보면 '그녀를 유혹해야겠다'는 생각부터 한다. 그러나 많은 이들은 여성, 특히 미녀를 얻기 위해서는 굉장히 많은 자원이 필요하다는 사실을 간과한다. 만약 상대와 진정 좋은 인연을 쌓고 싶다면 두 사람의 인맥을 서로 교환하고 연결하여 운용하는 것이 가장 효과적이다. 나는 루루를 통해서 곽 감독과 유명배우들을 알게 됐고, 홍콩에서 온 팡쭈밍房祖名(성룡의 아들)과 이소룡이 함께 할리우드 작품을 찍었던 배우, 그리고 한국의 현역 외교관을 사귀게 되었다. 이들은 나 같은 외국인이 서울 길거리에서 만날 수 있는 사람들이 아니다. 이들과 가까워지는 것은 숱한 비즈니스 기회를 얻는 것과 같다. 무제한의 가능성이 존재하는 인맥인 것이다.

풍부한 자원을 가진 친구나 혹은 이후 협력관계로 발전 가능한 친구를 사귈 때 우정을 깊게 하는 것은 어려운 학문과 같다. 나와 곽 감독 회사의 총책임자 지미의 사례를 살펴보자. 그를 만난 직후 나는 그가 곽 감독의 영화를 중화권에 소개하고 싶어 한다는 것을 알았다. 나는 곧바로 그의 비위를 맞췄다. 그리고 내가 가진 모든 자원을 제공했다. 즉, 내가 필요하도록 만든 것이다. 그런 측면에서 나의 가치는 뛰어난 다종 외국어 실력과 작가의 신분, 미디어 인맥과 접촉한 경험들이다. 지미가 내게 관심을 보인 것은 당연지사다. 몇 차례 이어진 만남 이후 그는 내게 영화 〈애정〉의 번역 지원을 요청했다(물론 번역비를 받는다). 나의 높은 효율성과 친근한 성격 덕에 우리의 신뢰는 더 깊어졌다. 그러자 지미는 의심하지 않고 내게 곽 감독의 홍보 대리를 맡겼다. 그리고 언젠가 중국에서 영화를 찍게 되면 내게 중국 지역 총책임자를 맡기기로 약속했다.

세상으로 나가면 적극적이고 열정적으로 현지의 친구들을 만나라! 강조하고 싶은 것은 자신이 '이용되는 것'을 절대로 두려워하지 말라는 것이다. 젊으니까 이용될 만한 가치를 가진 것이다. 그게 아니라면 연장자나 자원을 가진 투자자가 뭘 보고 당신에게 중요한 일을 맡기겠는가? 친구는 함께 먹고 마시고 놀고 농담하며 즐겁지만, 이렇게 즐기면서 동시에 자원과 창의적 사고, 그리고 상업적 기회의 교환도 가능하다면 더 멋지지 않겠는가? 나도 할 수 있었으니, 당신도 할 수 있다!

달인의 팁: 인맥은 지속적으로 마음을 다해 관리해야 한다. 우리
보다 더 많은 자원을 가진 사람을 만나면 상대에게
'나의 이용가치'를 제공하라. 이는 서로의 우정을 깊
게 만드는 최고의 방법이다. 이익과 우정은 상충하는
개념이 아니다. 이 둘을 모두 잘 운용한다면 윈윈할
수 있을 것이다.

한국에서 주식도 사고
부동산도 사기

한국의 부동산을 소유한 얼마 안 되는 대만인 중 한 명이 바로 나다. 심지어 나는 2채의 집을 보유하고 있다. 이 경위를 설명하려면 미국 유학 때부터 대만에서 첫 부동산을 보유할 당시를 먼저 이야기해야 한다.

5년 동안의 미국 체류 기간에 나는 부동산 가치의 부단한 상승을 두 눈으로 목격했다. 임대료 역시 마찬가지였다. 나는 미국에서 부모님께 돈을 빌려서라도 부동산을 구입하지 않은 것을 두고두고 후회했다. 물론 당시 부모님도 그렇게 큰돈은 없었다. 돈을 빌려 어쩌고는 그냥 해본 말이다. 어쨌든 나는 줄곧 방이 4개 딸린 아파트를 사서 방 하나는 내가 살고, 나머지를 임대하면 대출 상환에 큰 도움이 될 것이라고 생각했다. 매달 약간의 생활비만 더 지출하면 되니 이는 분명 남는 장사 아닌가? 그리고 몇 년 뒤에 값이 올라 이 부동산을 매각하면 5년 동안의 집세뿐 아니라 몇백만 달러의 추가 이익이 생길 수도 있다. 이 정도로 크게 수지 맞는 장사는 부동산 투자만이 기대할 수 있는 일이었다.

그래서 나는 한국에서 2년 동안 일하면서 번 돈으로 대만 부동산을 구입하려 했다. 나는 한국에서 극도로 절약하며 한 달에 약 7, 8만 대만달러를 모아왔다. 2년을 모으면 대략 200만 대만달러다. 이는 타이베이에서 집을 살 때 필요한 초기 자금 정도가 되겠다. 2008년 금융위기가 절정이었던 음력 설 직전, 나는 관두關渡 주웨이 竹圍 일대에서 유명 건설사가 새로 지은 집을 내심 점찍어뒀다. 그 집은 630만 대만달러였고, 건평 28평에 실평수는 18평인 투룸이었다. 나는 시장 위기가 지속되면 이 집을 더 싼 값에 살 수 있을 것이라 판단했다. 이후 이 집을 산 지 한 달도 채 지나지 않아 내게 집을 팔았던 부동산 중개인이 50만 대만달러를 더 얹어줄 테니 집을 되파는 게 어떻겠냐고 제안해왔다. 나는 제안을 거절했다. 내 거절은 옳았다. 5년이 지난 지금, 집값은 어느덧 2배가 됐으니까.

이 '돈 되는' 집이 생기자 한국 부동산 구입은 훨씬 쉬워졌다. 2011년 나는 아이비와 결혼했고 그 후 한국으로 이주했다. 나는 그녀에게 좀 더 편안한 환경을 제공하고 싶었다. 때마침 당시 한국의 부동산 가격은 비교적 낮은 편이어서 투자할 만한 가치가 있었다. 그래서 나는 대만의 집을 담보로 400백만 대만달러를 대출한 후 한국 분당의 쓰리룸을 샀다. 지하철에서 걸어서 1분 거리의 역세권 집이었다(집값은 560만 대만달러, 취득세와 인테리어 비용을 더하면 총합 약 600만 대만달러).

한국의 특이한 임대제도를 활용해서 이익을 얻다

이렇게 한국 부동산을 구입한 내막에는 나름의 치밀한 계산이 있었다. 많은 이들은 잘 모르지만 대만의 은행 이자는 굉장히 낮다. 대출이자 역시 한국의 1/3에 지나지 않는다. 그래서 나는 한국 은행이 아닌 대만 은행에서 대출을 받았다. 가장 낮은 대출이자 우대를 받으면서 상대적으로 높은 한국의 월급을 받아 대만의 대출금을 갚을 수 있다.

나는 1년간 이자와 원금을 갚아 나갔고 그 이듬해 대출금을 모두 갚아버렸다. 어떻게 이럴 수 있었냐고? 내가 갑자기 목돈을 손에 쥐었을까? 물론 아니다. 한국의 특이한 부동산 제도 덕분이었다. 한국에는 일반적으로 두 종류의 임대방식이 있는데, 바로 '월세'와 '전세'다. 전자는 대만의 월세 개념과 비슷하지만 후자는 한국만의 독특한 제도다. 임대인이 집주인에게 집값의 70% 정도의 금액을 준다. 그 후 2년 동안 전기세와 수도세, 그리고 관리세 외에는 그 어떤 비용도 지불할 필요가 없다. 간단히 말해 집주인은 자유롭게 이 목돈을 운용할 수 있단 것이다. 은행에 두고 이자(당시 한국의 저축이자는 1년 기한으로 4% 정도였다)를 받아도 되고 다른 투자도 가능하다. 2년이 지난 후 임차인이 이사를 원하면 집주인은 전세금 전액을 임차인에게 돌려주면 된다.

이후 아내는 임신을 했고 대만으로 돌아가 출산을 준비했다. 나 혼자 이런 큰 집에 살 필요는 없었다. 나는 작은 방을 하나 빌려 살고 한국의 집은 전세를 냈다. 1억 5천만 원을 받아 한국 은행에 1년

만기 저축계좌를 개설했다. 1년 후 그 이자를 받은 다음 전세금 1억 5천만 원을 대만으로 송금해 대출금 전액을 갚았다. 그런데 1년 후 임차인이 이사를 원하면 나는 그 돈을 모두 돌려줘야 하지 않겠는가? 그러나 이런 걱정은 불필요하다. 한국의 내 집은 입지조건이 좋아서 새 임차인이 없을까 봐 걱정할 필요가 없었다. 새로운 임차인이 예전 임차인이 이사하는 날 1억 5천만 원을 내게 주고, 나는 그 돈을 떠나는 임차인에게 주면 되는 것이다. 자, 이 정도면 모두 알아챘을 것이다. 나는 1억 5천만 원이라는 거액을 내 마음대로 운용하는 것이었다. 그렇지 않은가?

게다가 한국의 임대료는 끊임없이 올랐다. 그래서 대부분의 집주인들이 전세보다 월세를 선호했고, 따라서 전세 영역에서 공급과 수요의 불균형이 발생했다. 2년의 계약기간이 만료된 후, 나는 전세금 1억 5천만 원은 그대로 유지하고 매달 20만 원의 월세를 더 받을 수 있었다. 이를 통해 나는 어느 정도의 유동 가능한 현금을 벌 수 있었다. (치사하게 보일 수 있지만 당시는 이럴 수밖에 없었다. 집세가 너무 많이 올랐기 때문이다.)

내가 보유한 또 다른 한국 부동산도 위와 비슷한 방식으로 투자한 것이다. 이 집의 위치는 앞의 집보다 더 좋았다. 강북의 홍익대학교 지하철역 근처였고 한국에서 가장 번화한 2호선 역으로 걸어서 5분이면 도착할 수 있었다. 또한 공항철도를 이용하여 인천과 김포공항에 바로 닿았다. 방 3개와 거실, 그리고 화장실 하나. 실평수는 대략 20평 정도였고 주차장도 있었다. 집값은 800만 대만달러 정도였다. 이 매물을 보자마자 타이베이의 집값과 비교했더니 굉장히 싼 축에 해당했다. 나는 이 집을 바로 구입했다. 그리고 그 즉시 전세를 내 운용 가능한 2억을 확보했다. 이는 8천5백만 원만 내고서 800만 대만달러의 가치를 가진 서울 한복판의 부동산을 보유하게 됐다는 뜻이다. 2년 뒤에는 첫 번째 집과 마찬가지로 전세금 2억은 유지하되 매달 25만 원의 월세를 더 받거나 전세금 3천만 원을 인상할 수 있는 상황이 되었다. 이렇게 될 경우 약 3,000만 원의 추가 자금을 확보하는 셈이다. 나는 임차인이 오지 않을까 봐 걱정하지 않았다. 내 집의 입지조건이 너무 좋아서 세를 내는 순간 바로 사람이 들어왔으니까.

이 모든 게 가능했던 이유는 내가 잘나서가 아니다. 그저 부동산 투자에 두 가지 원칙을 갖고 접근했기 때문이다. 원칙의 하나는 입지조건을 철저하게 고려하는 것이고, 나머지 하나는 가격이 떨어졌을 때 구입하는 것이다. 게다가 특유의 한국 부동산 제도 덕을 톡톡히 봤다. 어떻게든 부동산 시장 안에 진입하기만 하면 안정적으로 수입을 올릴 수 있었으니까. 만일 당신이 글로벌하게 살아가고 싶다면, 어디를 가든지 주의를 기울여 현지의 투자 가능 대상을 살펴봐야 한다. 이자의 높고 낮음과 환율 차이를 이용해 이익을 챙길 수도 있다. 혹은 정당한 대출로 유동 현금 자산을 마련할 수도 있을 것이다. 이 일련의 과정을 통해 당신은 돈을 벌 수도 있고 동시에 현지의 문화와 언어, 생활을 빠르게 이해할 수 있다.

게다가 나는 이러한 내 경험과 강점을 활용해서 대만 자금의 한국 부동산 진입을 도왔다. 현재 대만의 부호들은 주로 일본이나 말레이시아에 부동산 투자를 한다. 사실 한국 부동산은 일본과 많은 유사점을 갖고 있다. 집이 좋고 가격이 싸지만 임대료는 비싸다. 어떤 매물도 연간 5%의 이윤율을 보인다. 그저 대만인들이 이 좋은 시장에 익숙하지 않은 것뿐이다. 많은 대만인들이 그저 한국을 미워하며 대만인의 돈을 가로챈다며 삼성전자를 비판한다. 하지만 우리는 우리에게 유리한 조건인 대만달러를 이용해 한국의 시장으로 진입할 수 있다. 그렇게 한국에서 돈을 벌고 부동산을 구매할 수 있는 자금을 마련하면 되는 것이다. 나중에 되팔아도 목돈이 된다. 이런 게 '한국인이 미워도 어쩔 도리가 없다' 같은 자세보다는 훨씬 낫지 않은가? 나는 다시 한번 더 말한다. 적을 미워하면 할수록 적을 더 이해하고 알아야 한다. 이런 투자의 마음가짐을 모두가 참고하길 바란다.

TIP

달인의 팁: 눈을 크게 떠라. 도처에 기회가 있다. 힘들게 모은 종자돈은 반드시 투자를 통해 불려야 한다. 이때 주식과 부동산은 좋은 도구가 된다. '평소에는 본업에 전념하고 난리 때는 크게 한탕 한다'는 원칙을 기억하라. 시장의 위기, 가격이 내려갔을 때 이 판에 끼면 당신의 자산은 언젠가 몇 배가 될 수 있다.

chapter 5

용기를 갖고 꿈을 좇으면 세상은 달라진다

키 작은 히키코모리도
모델엔터회사에 입사할 수 있다

　강연 중에 종종 청중들은 '작업'이란 주제에 대해 말하라고 요구한다. 이른바 작업이란 이성을 사귈 때 쓰는 은어지만, 비즈니스에 있어서는 자신을 알리거나 기회를 잡는 방법이기도 하다. 하지만 이런 방식은 쉽게 거절당하기 마련이다. 그래서 나는 청중에게 이성을 사귈 때든 고객을 개발할 때든, 적극적으로 관계를 맺으려 하다가 당하는 거절은 아무것도 아니라고 격려한다. 다른 사람을 찾으면 되니까 말이다. 당신이 멈추지 않고 노력하면 분명히 당신을 존중해줄 사람을 만나게 된다.

　언젠가 로터리 클럽 런아이☐☒ 지사의 요청으로 강연을 했다. 강연이 끝날 즈음 질타를 들었다. 지사의 전 사장은 강연 종료 후 전체 사원을 대표해 사의를 표하면서 내게 말했다.

　"말씀하신 '사람의 마음을 사로잡은 화술'의 강연 내용은 굉장히 좋았지만, 그중 언급했던 '만약 새로운 고객 개발에 성공하지 못하면 다른 사람을 찾으면 된다'는 점에는 동의하기 힘듭니다."

그는 두 가지 사례를 들었다. 첫 번째, 부인을 향한 구애에 성공한 사례를 들었다. 그는 잘생긴 편이 아니라서 당시 그의 부인은 그에게 관심조차 주지 않았다. 그는 '미녀는 들이대는 것을 싫어한다'고 생각해서 인내심을 가졌다. 구애에 실패해도 연거푸 약속을 잡으면서 말이다. 그의 진심이 그녀를 감동시켰고, 그녀는 그에게 한 번의 기회를 줬다. 한 차례의 기회는 두 차례의 만남이 됐고, 점차 그의 장점이 그녀의 눈에 들어오기 시작했다. 결국 그녀는 그의 아내가 됐다.

두 번째, 성공적으로 미인을 얻은 그는 의기양양했다. 그는 사업도 구애처럼 체면에 구애받지 않고 인내심을 가질 수 있으면 고객이 호주머니 속 물건처럼 자신의 것이 될 수 있다고 생각했다. 선박대리업무를 담당하던 그는 홀로 영국으로 건너가 세계에서 가장 큰 고객을 만나려 했다. 큰손은 그가 누구인지도 몰랐으니 당연히 만남의 기회조차 주지 않았다. 그는 포기하지 않았다. 영국에 체류하며 3개월 동안 매일 전화를 걸어 5분만 달라고 부탁했다. 큰손은 그의 열정을 꺾을 수 없었고 결국 5분의 프레젠테이션 시간을 주겠노라 답했다. 드디어 큰손을 만난 그는 바로 영업에 들어가지 않았다. 그는 자신의 한계를 잘 알고 있었다. 2보 전진을 위한 1보 후퇴의 마음으로 말했다.

"저는 당신이 지금 나와 함께 사업을 하지 않을 것이라는 사실을 잘 알고 있습니다. 괜찮습니다. 하지만 앞으로 저에게 당신을 만날 수 있는 기회만 주십시오. 허락해주신다면, 앞으로 영국에 출장 올 때마다 당신을 만나 인사만 나눠도 좋습니다."

이런 '짠한' 요구를 누가 거절할 수 있는가? 그 이후 3년 동안 그는 매년 영국에 갈 때마다 큰손을 만났다. 합쳐서 세 번의 만남이었다. 방문 때마다 정성을 다해 준비한 작고 섬세한 선물을 건넸다. 이렇게 3년을 공들이자 큰손은 미안한 마음이 들었는지 자신과 마찬가지로 선박사업을 하는 파트너를 소개해줬다. 그렇게 큰손의 친구가 먼저 그의 고객이 됐다. 그리고 7년이 지났다. 10년을 공들인 큰손이 드디어 정식으로 그의 고객이 됐다. 이 관계는 지금도 유지되고 있으며 벌써 20년이 됐다고 한다.

나는 전 사장의 '반론'을 들으며 화가 나기는커녕 미소가 지어졌다. 고개를 끄덕이며 그의 이야기에 동감을 표했다. 나 역시 전 사장처럼 '죽지 않는 바퀴벌레'의 정신으로 알찬 사업들을 만들어냈었기 때문이다. 엘린 엔터테인먼트와 계약을 체결하고 그들의 유일한 주력 작가이자 연설가 및 사회자가 됐던 게 대표적 사례다.

적극적으로 자기를 추천해 유명 엔터회사의 총애를 받다

내가 엘린과 계약을 체결한 이야기에서 빠질 수 없는 한 사람이 있다. 그는 대만 연예계의 유명 제작자 웨이중 형이다. 나는 2008년 청핀誠品서점 둔난敦南점에서 그를 알게 되었다. 나는 그에게 다가가 나에 대해 어필했고 지금까지도 그를 종종 괴롭히고 있다. 처음 그를 만났을 때 나는 캉융·꺼康永哥처럼 인기 있는 프로그램의 사회자가 되고 싶다고 밝혔다. 그리고 나는 글도 나름 쓰고 강연도 가능하니 당시 '싱광방星光幇'이 출판한 책을 홍보하고, 그들을 데리고 전국 순회 강연도 할 수 있으며, 큰 인기를 끌 수 있다고 설득했다. 그러나 웨이중 형은 '현재 새로운 무언가를 키울 계획'이 없다며 나의 제안을 거절했다. 하지만 나는 단념하지 않았다. 새 책이 출판될 때마다 그에게 한 부를 보냈다. 그때마다 나의 근황과 계획을 적어 동봉했다. 답신 여부는 중요하지 않았다. 나는 그가 나의 존재를 인식할 수 있도록, 그리고 내가 계속 성장하고 발전하고 있다는 사실을 알아주길 바랐다.

웨이중 형과 이런 식으로 접촉을 했으니, 다른 유명 제작자나 매니저들도 놓칠 수 없었다. 유명한 허우원옌侯文燕, 쉐성펀薛聖棻, 장샤오옌張小燕, 위메이런于美人 등에게 같은 방식으로 다가갔다. 내 책과 엔터테이먼트 사업 계획서를 계속해서 보냈다. 일부는 답신을 주지 않았고 일부는 회사 직원을 보내 나를 만난 후 '예능감이 부족하다'는 이유로 거절했다. 하지만 그 누구도 나의 셀프 마케팅을 가로막지 못했다. 나는 알고 있었다. 많은 이들이 지금의 나를 거절하는 까닭은 내가 '큰 업적'을 가지고 있지 않기 때문이다. 또한 그들에게는 내 능력이 부족해 보이고 연예계에서 활동하기 적합하지 않게 느껴지기 때문이라는 것도 알고 있었다. 하지만 나는 계속해서 다방면의 발전을 이루고 있다. 언젠가는 책도 잘 팔리고 지명도도 높아지겠지. 그러면 이 유명 제작자들의 관심을 받을 수 있고 언젠가 프로그램을 만들 수 있는 기회도 생길 것이다.

'어떤 기회도 놓치지 않는다'는 가장 중요한 원칙을 갖고 친구와 함께 타이베이 국제도서전에 갔다. 입장하기 전 그는 재미있는 물건을 하나 보여줬다. 엘린 엔터테인먼트 소속의 한 모델이 자신의 사진을 트럼프 위에 새겨 제작한 굿즈였다. 한 번에 세 개의 트럼프를 구매하면 소비자는 그중 한 명의 모델을 지정할 수 있다. 그러면 모델이 등장하는 감사영상을 소비자에게 증정한다. 나는 이 트럼프를 보자마자 이 회사의 홍보마케팅이 매우 적극적이고 갖은 방법을 동원해서 소속 모델을 활용한다는 사실을 알 수 있었다. 이런 적극적인 마인드는 내가 스스로를 추천하는 것과 닮지 않았는가? 나는 다음 날 바로 엘린에 전화를 걸어 인터넷 프로그램을 만들고 잡지에 칼럼을 쓰고 싶다고 말했다. 그리고 엘린의 모델을 나의 콜라보 대상으로 삼고 싶다고 알렸다. 동시에 미리 작업해둔 상세한 기획서 (아래 참조)를 보내 엘린 담당자의 관심을 유도했다.

나쁜 남자의 못된 짓 박살내는 법(가안)

● **진행방식**

A안: 한 편에 약 10~15분. 앞 3~5분 동안 엘린 모델들이 상황극을 함. 최근 사회적으로 화제가 돼 인터넷에서 치열한 토론이 벌어지는 남녀 문제(고부갈등, 장거리연애, 위험한 연인과의 만남, 성희롱과 몰카)를 실감나는 단편극으로 제작. 이후 정쾅위와 엘린의 모델들이 토론 및 분석을 진행.

B안: 한 편에 약 10~15분. 한 명에서 두 명의 엘린 여성 모델이 지금까지 만나본 나쁜 남자와 그들의 작업을 소개. 정쾅위가 이 사례들을 분석하고 수작을 박살내는 법과 예방법을 제공. 모든 시리즈는 '여성은 스스로를 사랑하고 강해야 한다'는 점에

중점을 두고, 영리하게 자신의 행복을 얻을 수 있게 지원함.

● **촬영장소:** 세트 안, 밖에서 촬영, 분위기가 어울리는 가게의 장소 협찬 혹은 엘린 사무실의 적합한 장소.

● **편성:** 잠정 10편, 토론의 주제(매 모델의 개인 경험에 따라 추가 혹은 수정) 1.돈 빌리기 2.거짓말 3.바람 4.손찌검 5.욕설 6.여성비하 7.질투와 통제 8.마마보이 9.못된 생활습관 10.사귄 뒤 태도 돌변

● **홍보 및 마케팅:** 야후와 협력, 영상 카테고리 첫 페이지에 고정 노출. 인터넷 마케팅은 유튜브, 페이스북과 결합. 매달 '이달의 주인공' 방식으로 인터넷 팬들과 상호교류. 엘린의 소속 모델과 정쾅위의 인기 제고. 책으로 제작 혹은 고정 라디오 프로그램으로 발전 : 엘린과 정쾅위의 이런 협력방식은 프로그램 내용을 정리해 출판이 가능하고, 이 프로그램의 개념을 이용해 라디오 프로그램으로 발전시켜 news98이나 중광中廣 라디오 채널에 고정 프로그램 제안 가능.

● **광고 협찬:** PPL 방식으로 방송 중 화장품, 옷, 신발 등 의식주와 관련한 모든 상품을 협찬 받음. 혹은 야후 인터넷 쇼핑 사업자와 홍보 조건으로 돈을 지불하게 함.

위 기획서를 본 기획홍보팀장이 내게 연락해 왔다. 회의 후 팀장은 내가 프로그램 제작뿐 아니라 홍보 및 마케팅 작업이 모두 준비됐단 사실을 알게 됐다. 그는 내가 이미 18권의 책을 출판했으며 4

개국어에 통달했지만 아직 적당한 무대가 없다고 생각했다. 결국 그들은 대표이사 천완뤄陳婉若에게 나에 대한 안건을 보고하기에 이른다. 완뤄 누님과 나는 한 차례의 면담을 가졌고 이후 정식으로 계약을 체결했다. 이 계약은 저명 사회자라는 내 꿈의 추진력이 되어주었다.

지금까지 이야기로는 내가 왜 서두에서 웨이중 형을 언급했는지 짐작하기 힘들 것이다. 그 이유는 다음과 같다. 한때 완뤄 누님은 잠시간 엘린을 떠나 있었다. 그때 웨이중 형과 함께 '스타 예능 학교'를 창립하며 같이 활동했다. 그리고 지금의 엘린 엔터는 왕왕중시旺旺中時 그룹에 속해 있다. 웨이중 형이 제작한 많은 프로그램, 가령 〈캉시라이러康熙來了〉는 바로 왕왕중시 미디어그룹 산하의 중텐中天종합채널에서 방영된다. 이 말인즉슨, 내가 엘린 엔터에 들어간다면 웨일중 형의 프로그램이 가진 자원을 공유할 수 있다는 뜻이다. 그래서 엘린도 적극적으로 관계 기업의 모든 프로그램에 나를 추천했다.

결국 이 사례는 앞서 언급한 로터리클럽 런아이 지사 전 사장의 이야기와 비슷하다. 오늘 내가 이 고객을 설득하지 못했다면 방법을 바꿔 다시 설득하면 된다. 올해 설득하지 못하면 내년에 설득하면 되고, 몇 년 동안 설득하지 못하면 주변인들을 먼저 설득하면 될 것 아닌가. 그의 주변 사람들이 나에 대해 좋은 말을 해줄 것이고, 때가 되면 열매가 익듯이 고객도 나를 받아들이게 될 테니까. 직장에서도 마찬가지다. 당신에게 목표가 있다면, 어떠한 방법으로라도 그것을 달성시켜라. **다른 이들이 우리를 무시하고 거절하더라도 결코**

우리는 스스로를 포기해서는 안 된다. 당신이 정말로 모든 노력과 방법을 동원해 목표를 달성하고자 한다면, 영원히 포기해서는 안 된다. 어둠 속에서 그 무언가가 당신을 도와 꿈을 이루도록 돕는다. 당신이 목표를 달성하는 그 순간, 오래 기억하고 공유할 수 있는 뜻깊은 경험이 만들어지는 것이다. 이 경험들은 당신 스스로를 격려할 뿐만 아니라 당신처럼 꿈을 가진 이들을 격려할 수 있을 것이다!

TIP

달인의 팁: 『시크릿』이란 책에서 보여지는 신비로운 능력에 많은 이들이 흠뻑 빠져든다. 그러나 '지속적인 행동'이 없다면, 우주의 기운이 당신의 꿈을 돕는 일은 결단코 없을 것이다. 포기하고 싶다면 100번만 더 도전하고 포기하라! 나를 믿어라. 100번까지 가지 않아도, 당신은 이미 모종의 형태로 성공한 것이다.

'요리조리' 기술로 얻은
칼럼 게재의 기회

이질적인 자원을 결합하고 합종연횡하게 만드는 것은 자신과 고객, 그리고 회사에 최고의 효과로 이어진다. 이는 모든 직장인이 갖춰야 할 자질이다. 절충과 협조, 합종연횡의 능력과 관련한 내 경험을 말하고자 한다.

2013년 한국의 교수직을 끝내고 대만에 돌아오자 달마다 들어오던 고정적인 수입이 사라지게 됐다. 내심 두려웠다. 책 인세와 기업 및 학교에서의 강연, 그리고 간간이 들어오는 사회자 아르바이트로 생계를 꾸려나갈 수는 있다. 하지만 그 무엇도 안정적인 수입을 장담하진 못했다. 나는 반드시 내 인지도를 넓혀야 했다. 남녀관계 영역과 부의 영역, 이 두 영역 모두 좀 더 탄탄해져야만 전문가의 신분으로 더 많은 프로그램과 기회를 얻을 수 있고, 스스로의 노력으로 유명 사회자가 되겠다는 꿈을 달성할 수 있을 테니까.

남녀관계 분야에서 내 출판물들의 판매량은 나쁘지 않았다. 그러니 부족한 것은 바로 직장 및 부와 관련한 영역이었다. 지금까지 나는 『당신은 당신을 응원하는 전문가你就是自己的激勵達人』, 『공공관계의 달인이 가르쳐 주는 직장에서 독심술公關達人教你職場讀心術』, 『단번에 상대를 사로잡는 화술一開口, 就擄獲人心的說話術』 등 직장생활과 관련한 주제로 몇 권의 책을 출판하긴 했다. 하지만 부족했다. 어떻게 하면 조금 더 빠르게 이 분야에서 전문적인 권위를 얻을 수 있을까? 이리저리 고민한 끝에 〈Career직장정보지〉, 〈30잡지〉, 〈Cheers〉 등 유명 잡지에 칼럼을 게재하는 게 가장 효과적인 방법이라는 결론을 내렸다.

그래서 나는 이 세 잡지사 대표번호로 전화를 걸었다. 대표전화 담당자에게 편집장 혹은 편집부와 통화하고 싶다고 요청하며 그들의 이메일을 받았다. 나는 칼럼 제안서를 작성해 대만에서 가장 큰 세 곳의 청년 및 직장 관련 잡지사에 보냈다. 특별히 이 제안서 내용을 공개하고자 한다. 나와 같은 일을 하고 싶은 독자들에게 참고가 되길 바라며.

『어떻게 그 자리에 앉을까』 칼럼 기획

● **이유** : 많은 청년들은 모두 기업의 고위관리직을 선망한다. 하지만 이 자리에 올랐을 때 많은 급여와 명성을 얻는다는 사실만 알 뿐, 입사 후 어떤 노력과 방법으로 그 자리에 올라갈지는 모른다.

● **주제 :** 이 칼럼의 목적은 치밀하게 진행될 인터뷰로 유명 기업 고위관리직의 성공비결을 기록한다. 덧붙여 그들의 의, 식, 주, 여행, 교육, 오락 6대 영역을 총망라한다. 각 영역의 고위관리직에게서 청년들이 배울 만한 방향과 다양한 삶의 전략들을 뽑아내 제공한다. 청년들이 직장에서 자신만의 위상을 갖도록 돕는다.

● **특색 :**

1. 문제는 신랄하게. 역동적이고 생동감 있게. 관습에 얽매이지 않고 업적을 찬미하지 않는다. 나아가 여러 관리자들을 초청, 그들의 승진 비결을 공유하고 독자들이 바로 활용할 수 있도록 돕는다.
2. 인맥을 이용해 신종 사업과 흥미 있는 직종의 고위 관리인을 방문, 신비로운 그들의 장막을 벗겨낸다.
3. 라디오 프로그램(현재 타이베이의 소리 및 자인佳音 라디오 채널과 협의 중), 유튜브 등의 인터넷 매체와 협력해 청년 세대의 마음을 사로잡는다.
4. 학교 순회 강연 및 모임을 정기적으로 열어 커뮤니티의 공고화를 도모하고 더 많은 잡지 독자들을 창출해낸다
5. 책으로 출판해서 영향력을 강화한다.

● **칼럼 게재 일자 :** 논의 후 언제든 시작 가능

● **칼럼 작가 정쾅위의 약력**

학력 : 정즈대학교 철학 학사, 캘리포니아 대학 리버사이드 캠퍼스 무용사 및 무용이론 박사.

저서 :

『단번에 상대를 사로잡는 화술』『탑산성경』

『호구에서 벗어나기기』『당신은 당신을 응원하는 전문가』

『욕먹기를 주저마라:세상에서 가장 강한 욕먹기 대응 심리학』

『출세:세상이 당신을 주목케 하라』 등 총 18권의 책을 출간함.

경력 :

중화인민공화국 인민대회당 행사 사회자

창장상학원長江商學院 특별 초빙 1급 강사

광저우상회廣州商會 미국방문단 수행 통역

대만 행정원 청년 도우미 위원회 수석 강사

대만 핑둥屛東교육대학교 교사반 특별 요청 강사

대만 법무부 '삼진흑금, 봉살회선三振黑金, 封殺賄選' 행사 사회자,

선전지도자 / 한국 홍익대학교 중국어 교수

태국국립발전학원 언어 및 미디어 연구소 교수

전국연설대회 우승

세계원주민대회 통역, 수행보조원

중화민국 국비 유학 장학금 획득

청궁成功대학교 『대사논단大師論壇』 강사

차이잉원蔡英文, 청즈랑曾志朗 공동 요청 강사

사실, 위와 같은 제안서는 구글 검색만 하면 숱한 참고사례들을 확보할 수 있는 것이다. 개요와 형식에 맞춰 적당한 문구를 검색창에 집어넣으면 된다. 나는 내 제안이 받아들여질 것이라고 확신했다. 이 주제는 독특하면서도 실용적이니까. 확신의 또 다른 주요한 이유가 하나 더 있다. 나는 '어떻게 그 자리에 앉을까'라는 칼럼으

로 글을 쓸 뿐 아니라 '핫'한 미디어라는 요소를 더했기 때문이다. 가령 블로그에는 칼럼을 홍보하고, 인터뷰는 단편 영상으로 제작해 유튜브에 업로드하면 더 많은 사람들이 볼 수 있다. 기존 팬들을 대상으로 홍보할 수 있고 나아가 라디오 프로그램 제작도 고대할 수 있을 것이다. 이렇게 문자와 소리가 결합해서 하나의 잡지사와 계약할 수 있다면, 곧 수많은 홍보 통로를 가지게 된다는 뜻이다. 이런 기획을 마다할 이유가 있는가?

'공거래買空賣空'의 비즈니스 기술로 여러 매체의 관심을 이끌다

계약을 체결하기 위해서는 일종의 '수단'이 필요했다. 이 수단을 바탕으로 칼럼의 세계에 문을 두드려야 하니까. 여러분이 위 제안서에서 타이베이의 소리 및 자인佳音 라디오 채널과 "현재 협의 중"이란 부분을 발견했는지 모르겠다. 겉보기에는 곧 협의가 끝날 것처럼 보이지만 사실 나는 '한 통의 전화를' 걸었을 뿐이었다. 그리고 거절당했다(그해 프로그램은 이미 다 배정되었다는 이유로). 하지만 이런 제안서를 본 사람은 흥미가 생길 수 있다. 홍보 가능한 하나의 미디어가 더 생기는 것이고 더 큰 이익을 기대할 수 있으니까.

이런 '공거래'의 기술이 심화되면 일종의 예술이 된다. 몇 개의 대형 라디오 채널인 중광中廣, news98, 타이베이의 소리 등은 모두 나의 프로그램을 원하지 않았다. 이때였다. 때마침 PChome이 나를 찾았다. 내게 곧 폐쇄할 예정이던 사이트에 뉴스플랫폼(블로그)을 개설해달라고 요청해 온 것이다. 나는 굉장히 기뻤다. 나는 이 기회를 잘 이용해서 PChome이란 아주 강력한 인터넷 쇼핑의 거인을 나의 단단한 뒷배로 두게 됐다. 이제 다시 세 곳의 잡지사를 설득하면 된다.

그래서 나는 '어떻게 그 자리가 앉을까' 칼럼 제안서를 PChome에도 보냈다. 그들에게 이 직장 관련 칼럼과 남녀관계 관련 칼럼이 홍보에 도움이 되지 않겠냐고 물어봤다. 동시에 이 제안서에는 이 직장 관련 칼럼을 〈Career직장정보지〉, 〈30잡지〉, 〈Cheers〉에 게재하겠다고 썼다. 그러자 PChome은 관심을 보여왔고 나와 면담하려고 두 명의 마케팅 직원을 보내 협력 방안과 홍보 가능성을 논의하게 했다.

나는 PChome의 면담요청을 받은 즉시 세 곳의 잡지사에 편지를 썼다. 그들에게 PChome이 이미 전면적인 홍보(사실은 나와 만난 것뿐이었지만)를 하기로 했다고 알려주고, 칼럼의 중요성과 타당성을 강조한 후 이 코너가 확실하게 성공할 것이라고 부연했다. 결과는 빙고! 비록 〈30잡지〉와 〈Cheers〉는 이미 배정된 칼럼이 있다며 거절했지만, 〈Career직장정보지〉의 총편집자 조수는 칼럼 개설을 원한다는 답장을 줬다. 이렇게 나의 '어떻게 그 자리에 앉을까'는 대만의 유명 직장정보지에 게재될 수 있었다. 강력한 지면매체의 도움을 받게 되자 인터뷰이를 찾고 기타 미디어 협력은 순조로웠다. 호랑이가 날개를 단 격이었다. 곧 라디오프로그램 제작으로 이어져 알찬 내용을 더 많은 청중에게 전달할 수 있게 되겠지.

또 다른 영업 비밀 하나를 여기서 누설하겠다. 사실 당시 〈Career직장정보지〉는 내게 '어떻게 그 자리에 앉을까' 칼럼은 3개월의 '임시 게재'에 불과하며, 3개월이 지난 후 독자의 반응에 따라 추가 게재 여부를 결정하겠다고 공지했었다. 그러나 독자들은 이미 알고 있을 것이다. 일단 내게 칼럼을 쓰게 한다면, 어떻게 이 칼럼을 막을 수 있겠는가? 많은 청년 독자들의 호응은 걱정할 필요가 없었다. 나는 내 사람들을 동원해 전화하고 메일을 쓰도록 했다. 잡지사에 이 칼럼이 굉장히 좋고 큰 도움을 준다고 말하게 한 것이다.

나는 많은 회사 임원들을 인터뷰하면서 선배들이 나와 비슷한 방식을 활용해왔다는 사실을 알게 됐다. 현재 한국관광공사의 타이베이 사무처 유진호 사장은 관광공사의 일개 직원일 때 이런 방식을 활용했다고 한다. 당시 한국의 드라마, 음악, 영화는 해외 수출을 벼르고 있었다. 그는 한류의 중국 지역 홍보를 담당했고 대형 한류 스타 미팅을 기획했다. 하지만 당시 한국 스타들은 중국에서 그리 유명하지 않았다. 중국의 대형 미디어들도 이 활동에 큰 관심이 없었다. 게다가 한국 연예인들의 회사 대부분은 '사자가 입을 크게 벌리고 있듯' 높은 출연료를 요구해왔다.

이때 명석한 두뇌를 가지고 있던 유 사장은 생각이 번뜩였다. 죽은 말을 산 말처럼 치료하듯 중국 대형 미디어들에 한국 최고 스타인 배용준, 류시원, 송혜교, 이영애 등이 모두 참가(사실은 이들 대스타들은 참가 의사를 밝힌 적이 없다)한다고 전했다. 그러고는 한국의 대형엔터테인먼트 회사에 메일을 써서 이 행사에 중국 내 20위 안에 드는 텔레비전 및 지면매체가 참여한다고 말했다. 출연료는 없지만 거대 미디어에 노출될 수 있는 기회를 놓치지 말라는 의미였다.

결국 행사 당일, 한국 최고의 대스타들은 모두 참석했다. 중국 미디어 역시 한국 슈퍼스타를 보도하기 위해 많은 취재진들을 동원했다. 이렇게 하청받았던 한류 홍보 기자회를 성공적으로 치러냈기에 유 사장은 큰 환영을 받았다. 이후 그는 관광공사 내부에서 두각을 드러내며 승진가도를 달렸고 결국 대만의 지사장까지 맡게 된 것이다.

이제 여러분도 알았을 것이다. 타인들은 당신과 당신의 일을 마케팅하고 홍보할 의무가 없다. 당신이 곧 당신과 당신의 일을 홍보하는 가장 큰 동력이다. 이 내용을 읽은 독자들은 이 자기 홍보의 정수를 배웠을 것이다. 직장에서 더 많은 기회를 만들어내기 위해서, 또 하나의 성과를 만들어 당신에게 도움이 되도록 해야 한다!

TIP

달인의 팁: 비즈니스 거래는 사실 모두 '무에서 유를 창조'하거나 '공매매'의 방식으로 진행된다. 생각과 행동을 주저하지 않는다면 당신이 원하는 결과를 얻을 수 있다.

대만 청년들의 10가지 위기,
당신에게는 몇 개?

　나는 중국과 일본 그리고 한국에 일정시간 체류했고, 특히 한국에서 7년 동안 있었다. 이 기간 동안 나는 시간이 허락할 때마다 대만에 돌아와 강연을 했고, 방학이면 대만에서 새 책을 홍보하고 TV에 출연했다. 그래서 나는 중국, 대만, 홍콩 그리고 일본과 한국의 젊은이들을 어느 정도 이해하고 있다.

　중국의 젊은이들은 달변이고 도전을 두려워하지 않지만 조직 충성도는 비교적 낮다. 그들은 큰 그림을 그려 보여주지만 성과는 잘 내지 못한다. 그리고 사업 초기에 그들에게 이익을 주면 안 된다. 그러면 그들은 이익을 편취하거나 심지어는 당신의 사업을 먹어치울 수도 있다. 나는 중국에서 몇 년 동안 사업을 한 대만인 사장을 만난 적이 있다. 그가 중국인 직원을 관찰한 결과는 다음과 같다. 중국 젊은이들 대부분은 사상 통제와 문화적 구속으로 인해 결정을 주저하고 책임을 회피한다. 모호하게 지시하지 말라. 꼼꼼하고 정확하게 지시해라. 그렇지 않으면 그 일은 절대 당신이 기대한 만큼 진행되지 않으며 곳곳에서 문제가 터진다. 그들은 해결할 수도 없다. 결국 당신이 직접 좌충우돌하며 처리해야 한다. 중국 인재는 매우 극단적인 양극화의 길을 걷고 있다. 마윈馬雲, 왕스王石 같은 사람들은 모두 세계 최고의 인재들이다. 그들은 거대한 꿈과 엄격한 규칙을 가지고 있다. 그래서 일류 대기업을 일구어 낼 수 있었다. 하지만 이러한 인재들은 어디든 극소수에 불과하다.

일본 젊은이들은 지난 20년간의 거품경제, 보수적인 문화의 억압으로 인해 일은 꼼꼼하게 하지만 창의력이 조금 부족한 것 같다. 주어진 규칙을 지키는 것을 좋아하고 모험은 삼간다.

한국 젊은이들은 그들의 조국처럼 대부분 목숨을 내던지듯 일한다. 효율성이 매우 높다. 또한 문화 창조, 디자인, 문화 등의 영역에 높은 자부심을 가지고 있다. 그리고 그들은 매우 뛰어난 단결심을 갖고 있어서 집단적인 일을 잘 해낸다. 사회구조적으로 장유유서, 선후배 문화의 영향 아래 있어 단결력이 매우 강하고 집단적인 사업에 능통한 것이다. 다만 보수적 문화의 영향 때문에 하부에서 상부로 목소리 내기가 어렵다. 상명하복이라는 전통 때문에 많은 이들이 전전긍긍한다. 그래서 상사와의 좋은 관계와 업무에 대한 적극적 자세가 승진의 관건이 된다.

위에서 언급한 것은 일반적인 한국 기업 문화다. 모두가 잘 아는 삼성은 또 다르다. 삼성은 분명 한국기업이다. 그러니 상술한 한국 문화의 그림자가 드리워져 있다. 하지만 삼성의 총수 이건희가 이

끄는 개혁으로 최근 몇 년간 높은 성취를 이뤘다. 삼성은 창조적이 거나 효율성을 제고할 수 있는 그 어떤 아이디어도 지지한다. 나도 경험한 적이 있다. 나는 친구 알랭과 함께 한국의 풍력발전기를 대만으로 수입하려 했다. 이때 해상풍력발전 관련 경험을 바탕으로 삼성중공업의 직원을 만날 수 있었다. 삼성중공업은 중간관리자에 서부터 말단 직원까지 모두 우수한 인재였다. 유창한 영어는 기본 이었고, 명쾌한 논리로 효율성을 중시했다. 오전에 하나의 문제가 제기되면 그들은 그날 오후, 적어도 다음 날 아침이면 문제해결 방안을 제시했다. 나는 한국인의 높은 효율성에 감탄했다. 이 기업이 최근 세계 각지에서 승승장구한 데는 이유가 있는 것이다.

삼성과 한국기업을 연구하기 시작한 나는 삼성의 성공적인 인재 육성과 관련한 책을 읽었다. 『삼성 직원이 말하는 핵심인재 스타일』 (공병환 지음)라는 책에서 저자 공병환은 삼성 직원들의 필수 덕목 7 가지를 다음과 같이 제시했다.

1. 집행력
2. 시간관리
3. 목표관리
4. 메모습관
5. 강건한 체력
6. 열정
7. 인간관계

이 7개 덕목은 국내외 어디서 일하든 모두 항상 성찰하고 달성하도록 요구받는 것들이다. 이 7가지를 실천할 수 있다면, 당신이 어느 회사에 근무하든 상사의 지지와 당신 스스로의 성취를 얻을 수 있다. 이 7가지 중 내게 가장 중요한 두 항목을 뽑으라면, 나는 메모의 습관과 집행력을 선택하겠다. 고객이나 상사를 상대할 때 그들의 이야기를 들으며 동시에 노트에 메모하는 모습을 보이면 상대방은 자신이 존중받는다고 느낀다. 부지불식간에 당신에 대한 호감과 신임이 높아진다. 만약 수많은 어려움을 극복하고 다시 도전하는 집행력을 갖고 있다면, 상사는 당신의 성취와 진도를 알게 되고 당신은 신임을 얻는 부하직원으로 자리매김할 수 있다. 승진의 기회가 오면, 당신은 주머니 속에서 가장 먼저 만지작거리는 선택지가 될 것이다.

대만 청년들의 10대 위기, 당신은 몇 가지에 속하는가?

그럼 이제 대만 청년들에 대해 이야기해보자. 나는 그들이 아래와 같은 위기를 겪고 있을까 봐 매우 걱정된다.

1. 부모나 선배들의 과잉 보호로 자신이 무엇을 원하는지 모르겠다.
2. 꿈이 있어도 실천은 없다.
3. 몇 가지 일을 해보다가 쉽게 좌절하고 포기한다.
4. 꿈은 크지만, 작은 일 혹은 낮은 곳에서 시작할 인내는 없다.
5. 외국어 능력과 전문 지식의 기초가 부족하다.
6. 예의가 없고 소통 능력이 부족해서 대인 관계가 어렵다.

7. 지식에 대한 갈증과 강렬한 욕망이 없다.

8. 재무설계를 못하고 저축과 투자가 어렵다.

9. 안일하며 시야가 좁다.

10. 다른 나라 사람들과 경쟁하려는 의지가 없다.

이 10개 항목은 나의 학교 강연 주제, '대만 대학생들의 위기'의 개요다. 물론 모든 대학생들이 해당되는 건 아니다. 무대 아래의 청중 중에는 분명 진취적이고 독특한 자기 표현을 가진 학생들이 있다. 하지만 나는 많은 학생들이 자신의 위기를 냉소적으로 대하는 모습을 종종 봤다. 우리는 누구나 비판을 받을 때 즉각 반론하고 싶은 마음이 생긴다. 하지만 저 10가지 항목을 꼼꼼하게 생각해보라. 당신에게 해당되는 항목이 단 하나도 없다면, 정말로 대단한 것이다. 만약 몇 가지 항목이 자신의 약점에 해당한다면 바로 행동에 나서라. 조속하게 능력을 보충하고 직장에서 자신만의 경쟁력을 갖추어야 한다.

어떤 이의 꿈이 카페나 치킨집 개업이라고 하자. 물론 이 꿈이 좋거나 나쁘다고 단정할 수는 없다. 하지만 아마도 이런 꿈의 배경에는 매체나 환경의 영향이 도사리고 있을 것이다. 그 영향 아래 청년들이 '자신의 잠재력과 발전가능성을 제한'한 상태에서 꾸는 꿈일 확률이 높다. 그리고 냉정하게 말해 건강한 사회경제 체제에서는, 모든 이들이 카페나 치킨집을 개업할 수 없고 또 모든 이들이 성공할 수도 없다. 만약 학창시절 혹은 입사 때부터 자신만의 꿈을 꾼다면 상술한 삼성의 인재 훈련 7계명으로 자신을 끊임없이 일깨워라.

절대 모호하고 존재감 없는 사람이 되어서는 안 된다. 회사에서 고위직에 오를 수 있는, 그런 주목받는 사람이 되어야 한다.

달인의 팁: 비록 현재 대만 청년들은 위기에 몰려 있지만, 대만 사회는 상대적으로 개방적이며 사고방식 역시 자유분방하다. 만약 생각을 행동으로 옮기고, 과학적이며 체계적인 방식으로 꿈을 실현해 나갈 수 있다면 대만 청년들은 반드시 일본과 한국을 뛰어넘을 수 있다. 그들을 넘어 세계 각국의 청년들과도 겨루기에 충분하니, 절대로 당신 스스로를 무작정 낮추지 말라.

적재적소에 맞는 입체적인
경력 소개에 대하여

구직 과정에서 오너 및 인사담당자에게 인상 깊은 이력을 제시하는 것도 매우 중요하다. 훌륭한 이력서를 작성하고 싶다면 먼저 인터넷에서 표준 양식을 찾아라. 그다음 기본적 형식과 중점들을 이해하고 여기에 자신의 전략을 적당하게 결합해야 한다. 화려하게 적지 않아도 자신의 전문성과 개성을 선명하게 드러내 인사 담당자의 주목을 끄는 것도 중요할 것이다.

『GQ』, 『Vogue』 등 유명 잡지 브랜드를 거느리는 글로벌 미디어 기업 컨데나스트^{Condé Nast}의 대만 이사장 류천선劉震紳을 인터뷰했을 때 들은 그의 일화가 있다. 그는 미국 뉴욕에서 대학원을 졸업하고 잡지사 관련 직업을 구할 때, 자신의 경력을 한 권의 잡지처럼 만들었다. 이런 독특한 디자인이 인사 담당자의 시선을 끌었다. 결국 그는 우수한 여러 경쟁자들을 제치고 모두가 가고 싶어 하던 곳에 취업할 수 있었다.

성실하게 이력서를 준비해서 자신의 강점을 표현하는 것뿐만 아니라 면접에서의 마음가짐도 매우 중요하다. P&G 업무팀 마케팅 팀장을 역임한 후 현재 대만 네슬레 유통 담당자가 된 추바이산邱柏善은 인터뷰에서 말했다. 많은 청년들이 면접을 볼 때 하나같이 '저는 이 회사에서 입사해 많은 것을 배우겠습니다'라고 말한다. 하지만 회사가 당신을 고용하는 것은 당신의 공헌을 요구하는 것이다. 회사는 당신의 학교가 아니다. 그는 자신의 경험을 얘기해줬다. P&G에 면접을 볼 당시 자신은 한 달의 시간을 투자했다. 인터넷으로 회사 관련 자료를 모아 숙지했고 면접 예상 질문지를 만들어 자문자답의 방식으로 훈련했다고 한다. 가령 '당신은 왜 학교 전공과 다른 일을 하는가?', '당신의 어떤 능력이 우리 회사의 조건에 부합되는가?' 등의 질문이었다. 이 준비과정을 통해서 그는 회사가 어떤 사람을 요구하는지 파악했고, 면접 때 학창시절과 업무 마케팅 관련 경력을 이야기하며 담당자를 설득해 P&G에 입사할 수 있었다.

직장에서 몇 년간 일해본 사람은 필요한 면접 태도와 기술이 다르다. '당신은 어떤 직무를 했는가?', '어떤 실적이 있는가?', '그 과정에서 어떤 능력을 길렀는가?', '당신의 장단점은 무엇인가?', '입사 후 이 회사를 어떻게 돕겠는가?' 등 이러한 질문들은 새로운 회사가 관심을 가지는 것이다. 구직자는 나열식으로 설명하고 정확한 수치와 예시를 근거로 제시해야 면접관의 마음을 얻을 수 있다.

이력서를 쓸 때는 반드시 '단점은 가리고 장점을 부각'해야 한다. 당신이 적시에 자신을 부각시키고 싶다 해도 거짓말할 필요는 없다. 기술을 운용해서 당신을 '대단한 사람'으로 보이게 하면 된다. 내 사례를 말하자면, 내 이력서를 본 사람들은 모두 내 경력을 보며 놀라거나 관심을 갖는다.

'중화인민공화국 인민대회당 사회자.'

모두 알다시피 중국 인민대회당은 대만의 총통부와 같은 곳이다. 엄격한 통제를 받는다. 일반인은 인민대회당에 들어설 수조차 없다. 거기서 사회를 보는 것은 더 말할 것도 없는 일이다. 인민대회당 무대에서 사회를 맡는 사람 대부분은 저명한 중국 방송국 MC나 정재계 명사들이다. 내가 뭘 믿고 인민대회당에서 사회를 볼 수 있겠는가? 특별한 뭔가가 있어서? 그 답을 공개하겠다. 나는 2004년 '임기응변'과 '필사즉생'으로 홍콩에서 열린 '해외우수청년 중화집결' 행사에 참석했다. 이 행사는 당시 중국이 내세운 '통일전선'의 원칙에 입안해 진행된 청년 사업 중 하나였다. 전국 각지의 여러 팀들이 행사 마무리 며칠 전 베이징에 도착해 인민대회당에서 열리는 저녁 연회에 참석하게 된다. 각 팀들은 행사 중 한 프로그램을 책임진다. 나는 이때 자기추천의 기술로 나보다 중국어를 잘할 수 없는 중국계 미국인을 제치고 사회자가 되었다. 전체 행사의 절반 정도만 사회를 봤지만 매우 가치 있는 경험이었다. 이를 통해 인민대회당에서 사회를 본 경력이 생기는 것이었다! 나는 이 경력을 아주 세세하게 적어내지는 않았다. '인민대회당에서 사회를 맡은 사실'만 적어둬도 내 실력은 몹시 좋아 보였고, 경험도 풍부해 보였다.

비슷한 이력으로는 2012년 청궁成功대학교 대사大師논단에서의 강사 경험이다. 청궁대학교는 매년 대사논단을 개최한다. 정재계, 문화계의 유명인사를 초청해 학생들에게 강좌를 제공한다. 강사들은 자신들의 성공 스토리로 학생들의 건승을 격려해준다. 2012년 당시 학교는 문화 및 문화 창의 분야에서 강연자를 찾지 못했다. 어쩌면 강사료가 낮아 다른 강사들에게 거절당했는지도 모르겠다. 결국 학교는 나를 찾을 수밖에 없었고 덕분에 나는 이력에 또 한 줄을 추가할 수 있었다. 잠깐, 여러분 모두 주의하길. 보통 사람들은 이런 요청으로 강사 경험을 쌓으면 대개 아래처럼 이력을 작성할 것이다.

'2012년 청궁대학교 대사논단 강사.'

'대사'라는 두 글자 덕에 괜찮아 보이긴 하다. 하지만 사람들은 당신이 얼마나 대단한지 알 수 없다.

나는 다음과 같이 작성했다.

'2012년 총통 후보자 차이잉원蔡英文, 중앙연구원中央研究院 원사院士 청즈랑曾志朗과 공동으로 청궁대학교 대사논단 강사 역임'

다들 보시라. 이렇게 쓰니 훨씬 더 대단해 보이지 않는가? 이렇게 쓰면 나는 곧바로 민진당 전 당주석이자 총통 후보자이면서 마잉주와 대권을 두고 다투는 차이잉원 여사, 그리고 전 교육부 장관이자 현 중앙연구원 원사 청즈랑과 동급으로 올라간 것이다. 대만사람들은 이러한 이력을 보면 내가 그들 같은 높은 사람들과 어울리고 싶어 한다고 생각한다. 하지만 내가 해외에서 구직할 때는 다르다. 이러한 경력을 목격하면 내게 감탄하고 나를 존중하지 않겠나? 당연히 합격 가능성도 큰 폭으로 상승한다.

실제로도 나와 차이잉원 여사, 청즈랑 교수 모두 그해 청궁대학교 대사논단의 강사였다. 다만 우리는 같은 주 다른 날에 강의했다. 하지만 사실은 사실이다. 나는 내게 유리한 진실만 말해서 내가 다른 이들보다 특별하다는 걸 강조했을 뿐이다.

나의 또 다른 이력에 많은 중국 대륙 친구들은 더 놀라워한다. 최근 나는 가끔 초청을 받고 중국 프로그램에 출연하거나 강연을 한다. 주최 측은 행사 전 내게 간단한 이력서를 요구한다. 이럴 때마다 그들을 놀라게 하는 대목이 있다. 바로 내가 1997년, 1998년 두 해 동안 연속해서 거둔 '전국대학 연설 대회 우승'이었다. 그들은 이 이력을 보면서 속으로 내가 중국 '전국' 22개성과 5개 자치구, 2개의 직할시에서 선발된 청년들과 경쟁해서 기적적으로 2년 연속 우승한 것으로 생각해다.

그들은 몰랐지만, 나는 대만이라는 작은 곳의, 그 안에서도 하나의 작은 장소에 불과한 '국부기념관'에서 개최된 연설대회에서 우승한 것이었다. 행사 타이틀에는 대학(전문대, 종합대 모두 포함)이라고 적혀 있었지만 참가한 사람은 그렇게 많지 않았다. 주최 측은 교내 예선을 통해 뽑힌 우수한 인원을 학교 대표로 선발하려 했지만, 당시 내가 재학 중이던 정즈대학교의 지원자는 나뿐이었다. 그래서 나는 곧바로 학교 대표로 대회에 참가할 수 있었다. 게다가 그해가 개최 원년이었기 때문에 각 학교에서 참여한 경쟁자들의 실력도 그리 뛰어나지 않았다. 나는 운 좋게 우승을 거머쥔 것이었다. 나는 멈추지 않고 스스로를 연설계의 1인자로 자임하면서 이듬해 대회까지 우승을 차지해냈다. 이 일련의 과정이 지금 모두가 보고 있는 나의 '놀라운 경력'이 된 것이다.

그러니 다들 참고하라. 많은 경우, 거짓말을 하지 않고도 약간의 수사를 더하기만 하면 장점은 강화되고 단점은 보이지 않는다. 당신의 이력이 다른 경쟁자보다 더 뛰어나게 보이게 할 수 있다. 선대의 가르침인 '겸손의 미덕' 따위는 생각하지 말라. '저는 별거 아닙니다', '내가 거둔 성과들은 모두 운이 따라준 덕분입니다' 등등의 겸손은 성공한 자들의 전리품이다. 당신이 정말로 마윈이나 저우제룬처럼 큰 성공을 거둔 후, 겸손한 자세로 성공의 영광을 같은 팀이나 부모님께 돌리면 모든 이들은 당신의 겸손함에 갈채를 보낼 것이다. 하지만 지금처럼 우리가 아무것도 아니고 아무것도 없을 때의 겸손은 그 어떤 가치도 없다. 우리가 지금 정말로 해나가야 할 것은 자신의 경력을 장식하기 위해 한 번 더 경험을 쌓고, 또 하나의 성과를 세워 직장에서의 지위를 확고히 하는 것이다. 이렇게 경쟁자들과의 거리를 벌리고 진짜 성공을 거둔 다음에 겸손해도 늦지 않다.

TIP

달인의 팁: 겸손은 성공한 자들의 전리품이다. 지금 아무것도 없는 당신에게 겸손은 그저 매일 입으로 행하는 미덕에 불과하다. 자신의 실력을 적당하게 꾸미는 것은 당신이 원하는 곳으로 가서 더 큰 성취를 얻는 데 도움이 된다. 그때 모든 성취를 상사의 지도와 팀의 협조로 돌리면 직장에서 더 승승장구할 수 있다.

직장에서의 기회와 유혹에
어떻게 대응할 것인가?

　직장 생활을 하면 기회처럼 보이지만 실상은 함정인 유혹들과 만나게 된다. 이때 그 본질을 명확히 봐야 한다. 그리고 그 본질을 자신의 가치관과 미래의 꿈에 비교, 대조해본 다음 그것을 쟁취할지 포기할지를 결정해야 한다.

　내 경우를 보자. 몇 년 전 나는 대만의 유명 사회자인 차이캉융蔡康永을 거절한 적 있다. 내가 이렇게 말하면 당신은 아마도 크게 놀라며 '캉융이 내게 어떤 특별한 요청을 했는데 거절한 것일까?'라고 생각할 것이다. 사실은 그렇지 않다. 나는 캉융의 프로그램 제작사에서 요청한 TV프로 출연을 거절했을 따름이다.

　나와 캉융 형의 인연은 〈운문무집雲門舞集2〉의 연출을 구경하면서 시작됐다. 촬영이 끝나고 그가 친구들과 대화하는 모습을 봤다. 나는 이 기회를 놓치지 않겠다고 마음속으로 다짐했다. 재빠르게 그에게 다가가 자기추천의 방법을 썼다. 그의 프로그램에서 작업에 대해 홍보하고 싶다는 이야기를 한 것이다. 그 뒤 나는 〈지용지용전력학교志勇智勇電力學校〉라는 프로그램에서 린즈링林志玲을 알게 되었고, 내 인지도를 단기간에 효과적으로 높일 수 있었다. 이 기회를 준 점에 대해 나는 지금까지도 캉융 형에게 깊이 감사하고 있다. 그가 아니었으면 내 인지도는 이렇게 빨리 높아지지 않았을 것이고 나는 작업을 긍정적인 측면에서 홍보할 수도 없었을 것이다.

원칙을 고수하기 위해 〈강희래료康熙來了〉에 출연하지 않다

2007년 말, 내가 캉융 형의 유명한 토크쇼 〈강희래료〉 출연을 거절한 사실은 다들 모를 것이다. 유명한 캉융 형의 프로그램, 특히나 중화권에서 시청률이 가장 높은 〈강희래료〉에 출연하지 않은 것을 이상하게 생각할 것이다. 나는 계속 뜨고 싶어 했는데 왜 인지도를 높일 수 있는 이 기회를 잡지 않은 것일까? 이 거절은 자기추천의 원칙과 기회를 절대 놓치지 않는다는 가치관에 위배되는 것은 아닌가? 도대체 왜 이 프로그램의 출연을 거절했을까? 제작팀은 내게 이 프로그램에 출연해서 쉬춘메이許純美에게 작업을 걸면서 '귀부인에게 작업 거는 법'을 보여주려 했다. 내 독자들은 모두 알 것이다. 내가 책이나 강연에서 외치는 '작업'은 애정 문제와 비즈니스 문제에서 자신을 적극적으로 알리고, 이 과정에서 자신감을 키우고 소통의 기술을 발전시키며 좌절에 맞서는 능력을 양성하는 일이다. 또한 진솔한 마음과 예의 있는 태도, 적절한 행동, 준수한 복장으로 내가 사귀고 싶은 사람을 열심히 알아가는 것이다. 이게 바로 내가 정의하는 '작업'이다. 쉬춘메이에게 작업을 걸고, 목적을 가진 채 귀부인에 접근해 결국에는 그들의 연하남이 되는 것은 내 이념이나 가치관과 매우 다르다. 그런데 내가 어떻게 이 프로그램에 출연해서 원하지도 않는 일을 할 수 있겠는가?

〈강희래료〉 출연은 큰 유혹이었지만 내 원칙과 맞지 않아서 거절한 것이다. 비록 내 이름을 알리고 소위 말하는 '높은 자리'에 올라가는 일은 몇 년 더 늦어지게 됐지만, 나는 지금도 그때 일을 후회하지 않는다. 지금 여기까지 읽은 독자들에게 묻고 싶다. 여러분은 원칙을 고수하기 위해 큰 유혹을 포기하겠는가? 아니면 자신의 욕망과 함께 치열하게 싸우겠는가?

나는 욕망과 유혹에 맞서 내 원칙을 지키기로 결심했다. 자신의 본심과 초심을 지켜야만 큰 목소리를 내며 머리를 꼿꼿이 세워 가슴을 펼 수 있기 때문이다. 기회를 놓치는 일은 안타깝지만 좋은 기회는 다시 오게 돼 있다. 또한 스스로를 자랑스럽게 여기게 된다. 다른 이의 생각에 무조건 순응하고 영합하면 자신의 개성과 원칙을 상실할 것이다. 그러면 당신의 일은 원하는 방향으로 발전하지 못하고, 당신을 좋아했던 사람들은 당신이 변했다고 여길 가능성이 높다. 동시에 당신을 싫어했던 사람들은 당신을 실패자로 단정 지을 것이다. 작은 비판에 쓰러지고 줏대 없는 인간으로 볼지도 모른다. 내 경험에 따르면, 원칙을 이해하고 지켜내는 사람이 있다면, 그들을 싫어하는 이들도 최소한 그의 의지는 인정하고 탄복한다. 반면 타인의 의견을 무조건 수용하고 자신의 원칙이 부재한 사람은 쉽게 조롱당하고 존중조차 받지 못하기 일쑤다.

밴드의 여성멤버로부터 '자아'의 중요성을 배우다

대학시절에 만난 여자 선배 한 명이 생각난다. 그녀는 대중가요 밴드의 멤버 천치전陳綺貞이다. 천치전 선배는 대학 때부터 싱어송라이터였다. 그녀는 많은 대회에서 좋은 성적을 거뒀다. 하지만 그녀의 외모는 스타 반열에 오르기에는 조금 부족했고, 목소리도 그리 신선하지 않았으며, 그녀가 창작한 노래도 대중적이지 않았다. 그래서 음악제작자나 그녀의 어머니도 천치전의 성공을 전혀 기대하지 않았던 것이다.

그러나 지금, 천치전은 데뷔 15년차 베테랑 가수다. 그녀가 타이베이 아레나에서 콘서트를 열면 만석이 된다. 음반시장은 불황이지만 그녀의 음반 판매량은 30%씩 상승하고 있다. 그녀는 한 인터뷰에서 성공의 이유로 스스로 자신의 부족함과 약점을 알고, 요행을 바라지 않으며, 자신의 능력을 잘 컨트롤해서 매우 제한적인 가능성을 심화시켰다는 사실을 꼽았다. 가령, 그녀는 자신의 손이 작기 때문에 복잡한 기교를 써서 기타를 연주할 수 없다는 사실을 깨닫고는 간단한 화음의 조합을 활용해 창작했다. 그녀는 자신의 길을 걸으며 고유한 결을 유지했다. 그리고 포기하지 않았기 때문에 사람들의 감탄을 자아내는 '천치전의 기적'을 이뤄낸 것이다. 몇 년 전 나는 그녀의 콘서트에 가서 감동한 그녀의 팬들을 봤다. 정말 기쁘고 자랑스러웠다.

직장에서의 당신도 마찬가지다. 어쩌면 당신은 기회를 가장한 유혹과 대면했을지도 모른다. 어쩌면 당신은 자신의 능력의 한계로 포기하고 싶었을지도 모른다. 그러나 나와 천치전의 이야기를 생각해보라. 당신도 유혹을 거절할 수 있으리라 믿는다. 당신이 하고 싶은 것을 정확히 알면, 영원히 포기하지 않을 수 있다. 기존의 기초와 능력으로 노력하면서 한 걸음 한 걸음 걸어가면 다른 이들이 당신을 알아볼 것이다. 애초 기대했던 정도의 100%가 아니더라도, 80~90%만 달성해도 직장에서 누군가들이 우러러보는 지위에 오를 수 있다.

스티븐 코비는『성공하는 사람들의 7가지 습관』에서 성공의 7가지 원칙을 제시했다. 자신의 삶을 주도하라, 끝을 생각하며 시작하라, 소중한 것을 먼저 하라, 윈-윈을 생각하라, 먼저 이해하고 다음에 이해시켜라, 시너지를 내라, 끊임없이 쇄신하라는 원칙들이다. 그리고 이어지는『스티븐 코비의 마지막 습관』에서는 내면의 목소리를 경청하고, 열정적으로 자신의 능력과 가치관을 결합해서 상술한 7가지 원칙을 실천하고 진정한 인생을 실현해보라고 권한다. 자, 여기까지 읽으면 다들 느낄 것이다. 내가 앞에서 언급한 직장인의 심리적 태도와 방법이 코비의 7가지 원칙과 매우 비슷하지 않은가?

'성공의 법칙'은 모두 고도의 유사성을 갖고 있다. 그것을 표현하는 문장 혹은 인용하는 예시가 다를 뿐 핵심은 모두 일치한다. 모든 '직장 노하우'도 반드시 정확한 원칙에 수렴해야 한다. 그렇지 못하면 가지만 많고 잎이 무성한 독사과 나무일 뿐이다. 직장에서 최선의 노력을 다하면서 동시에 항상 이 7가지 준칙으로 자신을 성찰해야 한다. 특히 곤란한 일이나 유혹을 만났을 때, 이 원칙들을 근거로 명확하고 단호하게 결정해야 하는 것이다.

달인의 팁: 자신의 원칙과 상충되는 기회와 만났을 때는 약간의 조정을 통해 기회와 원칙이 공통분모가 될 수 있는 가능성을 검토하라. 만약 양자가 완전히 상충된다면 반드시 원칙을 선택하라. 원칙을 잃은 사람은 쉬이 자신의 기본을 상실한다. 그러면 미래에도 기회는 오지 않는다.

자신의 긍정적인 영향력을
발휘하라

　많은 이들은 사회자가 되고 싶어 하는 나를 이해하지 못한다. 내가 스스로 천부적인 재능이 있다고 믿어서? 후천적인 노력으로 이 일을 할 수 있다고 생각해서? 혹은 무대 위에서 스포트라이트를 받고 싶어서? 아니면 세계적으로 널리 알려지고 인기를 끄는 대만의 오우푸라歐普拉, 차이융캉, 루위魯豫 같은 사회자들처럼 명예와 돈을 한번에 얻고 '뜻이 있으면 다 같은 사람有為者亦若是'이라는 웅대한 마음을 키우려고?

　내가 사회자라는 직업을 원하게 된 시초는 초등학교 6학년 때였다. 재학 중이던 스파이石牌초등학교에 무슨 일 때문인지는 몰라도 매체 몇 곳에서 취재를 나왔었다. 학교는 매체의 보도를 무겁게 여겼다. 그러니 아무 학생이 붙잡혀 인터뷰를 해서는 안 됐다. 예상하지 못한 답변이 나오면 안 되니까 말이다. 그래서 학교는 각 반의 교사들에게 언변이 좋고 인터뷰 때 긴장하지 않을 한두 명의 학생을 수배하라고 지시했다. 이런 학생들을 모아 기자들의 인터뷰 때 들여보내려 했다. 당시 내 친구 위셴은 바로 내게 말했다.

"쾅위, 빨리 손 들고 한다고 해! 너 평소에 뽐내는 거 좋아했잖아, 이거 정말 좋은 기회 아냐? 텔레비전에 나온다고!".

지상파 3사만 있던 그 시절, 텔레비전에 내가 나온다면 정말 좋을 것 같았다. 많은 아이들이 앞다퉈 손을 들었다. 선생님과 친구들은 평소 매우 활발하고 외향적이던 내가 아무런 흥미를 보이지 않자 매우 이상하게 생각했다.

드디어 그들이 왔다. 선택된 아이들은 줄을 섰다. 아이들은 학교에서 공부를 가장 잘하고 선생님들이 좋아했던 그 두 학생을 에워쌌다. 이 두 명은 기자의 질문에 겨우 한두 마디로 답변할 뿐이었다. 그들의 뒤에서 0.5초라도 화면의 배경이 되고 싶었던 친구들은 까치발을 딛거나 폴짝폴짝 뛰어올랐다. 그 후 위셴은 내게 물었다.

"쾅위, 그냥 궁금해서 물어보는 건데 넌 왜 이 좋은 기회에 나서지 않는거냐?"

나는 답했다

"나도 당연히 텔레비전에 나오고 싶어. 하지만 나는 기자들이 나를 둘러싸고 인터뷰하는 걸 원하지, 그냥 주인공 뒤에 서서 아무 말도 못한 채 화면에 들어가려 애쓰고 싶진 않아."

몇 년 후 나는 대만에서 전국민 작업 운동을 추진하기 시작했고 작가로 데뷔했으며 미디어의 요청으로 프로그램에 출연했다. 오랜 숙원을 이룬 것이다. 많은 매체에서 내게 마이크를 들이밀었고, 오로지 나 한 사람을 클로즈업하는 '핫'한 사람이 됐다. 뜨고 싶고 주목받고 싶은 내 마음은, 몇 년이 흐르고, 몇 년을 억압당해도 줄곧 존재했던 것이다.

'모두가 좋은' 개념, '모두가 이기는' 생각

나는 어린시절부터 정말로 잘나가고 싶었다. 하지만 그때의 나는 그저 뽐내면서 텔레비전 화면에 잡히고 싶었던 것에 불과했을지도 모른다. 내가 성장하고 자아가 원숙해지자, 나는 특별한 일을 하기 위해 긍정적인 영향력을 발휘하기 시작했다. 유명해져서 인기를 얻으면 수익뿐 아니라 귀찮은 일도 피할 수 없다. 나도 앞에서 말한 갈채를 받고 명예와 돈을 얻는 일에 설렌다. 하지만 나는 더 가치 있는 일을 해야 한다는 것을 알고 있었다.

나는 억지 웃음을 끌어내려고 사회자가 되려는 게 아니다. 혹은 입만 살아서 출연자를 폄하하며 웃음을 유도하는 사회자가 되고 싶지도 않다. 싸구려 취미를 자랑하는 연예인이 되려는 것도 아니다. 나는 현재 두 가지 프로그램을 구상하고 있다. 하나는 창업 관련 프로그램이고 또 하나는 남녀관계와 관련된 프로그램이다. 두 기획은 모두 초청하는 게스트가 자신을 잘 알릴 수 있는 구성과 방향으로 설계됐다.

가령 내가 하고 싶은 창업 관련 프로그램은 다음과 같다. 다른 유사 프로그램의 스타일을 참고하면서 동시에 나만의 독특한 요소를 더한다. 여러 재미있는 방법으로 출연한 창업가가 자신의 창업 이념, 창업 과정에서의 난관, 역경을 극복한 방법, 동료들의 의견에 대응했을 때의 이야기를 한다. 또한 프로그램에 '예능인 창업진료실'이라는 작은 코너를 만들어 창업가와 창업한 예능인들이 경영상 난맥을 극복하는 처방전도 만든다. 창업가의 전문성과 예능인의 유명세를 결합할 수 있는 아이디어다.

프로그램의 게스트는 가장 적합한 방식으로 자신의 이야기를 꺼내 놓고 공유하며 자신의 경험을 사회에 환원할 수 있다. 시청자는 수준 높은 자기 계발에 도움을 받고 창업하고자 하는 꿈을 일궈낼 수 있을 것이다. 동시에 창업 과정에서 만나게 될 난관에 대한 예방 주사도 미리 맞는 셈이다. 이 프로그램을 잘 만들면 게스트는 행복하고 시청자는 즐겁게 보게 될 것이며 내 인기도 자연스레 올라갈 것이라 생각된다. 이렇게 '나도, 당신도, 그도 좋은' 즉 '모두가 좋아지기 위함'이 바로 내가 사회자가 되고 싶은 이유다.

그러니 사회자가 되기 위한 노력과 과정은 필수적인 것이다. 연예계에는 뛰어난 인재와 우수한 선배들이 많다. 나는 어떤 무기로 빛날 수 있을까? 그래서 나는 계속 글을 쓰고 출판한다. 책의 내용 역시 남녀관계 문제, 자아 및 정서 관리, 자기계발, 외국어 학습, 해외 일자리 구직 등 다양한 영역으로 확장하는 것이다. 내가 보다 더 풍부한 내용을 제공하면 무대에 오르거나 사회자를 맡을 기회도 많아지는 거니까. 그러면 경쟁상대들도 나를 추격하기 쉽지 않을 것이다.

그리고 나는 중국어, 영어, 일본어, 한국어 등 4개 국어가 가능하다. 이는 매우 예리한 칼처럼 내게 좋은 무기가 된다. 대만에 유명한 사회자는 많다. 영어가 능통한 사회자도 적지 않다. 그러나 영어와 일본어를 동시에 말할 수 있는 사람은 그리 많지 않다. 나아가 한국어까지 가능한 사람은 나 하나뿐일 것이다. 나는 지금도 계속해서 영어, 일본어, 한국어, 이 3개 국어를 연마하고 있다. 이 능력은 훗날 내가 국제적인 사회자 혹은 대형 어워드 시상식에서 경쟁할 때 주최 측의 주목을 끌 수 있는 나의 좋은 무기다. 이게 바로 내가 이렇게 바쁜 지금도 매일 30분에서 1시간 동안 3개 국어를 공부하는 이유이다.

직장에서 잘나가고 싶은 당신은 그 마음의 깊숙한 곳에 무엇이 있는지 발견했는가? 사람의 꿈은 차츰 길러지는 것이다. 나 역시 학교와 직장을 거치면서 끊임없이 나의 타고난 재능과 열정을 탐색하고, 취미와 능력을 계발했다. 이 네 가지는 절묘하게 하나로 합쳐진다. 적당한 돌파점을 찾아 노력과 성취를 드러나게 해야 한다. 또한 이기, 이우利友, 이타, 즉 모두가 이기는 지점을 찾는 게 중요하다. 만약 이런 생각을 유지하면서 행동의 준칙으로 삼는다면, 당신은 직장에서 능력을 키우는 동시에 좋은 인연을 만들 수 있다.

TIP

달인의 팁: 직장에서 자신의 자리를 갖고 싶다면 유일무이한 전문성을 갖추는 게 모든 성공의 선결조건이다. 전문성을 갖춘 다음, '이기, 이우, 이타'의 신념을 갖고 더 큰 무대를 찾아 더 큰 영향력을 발휘하며 자신의 지위를 탄탄하게 다져야 한다. 이게 바로 일하는 이들이 반드시 갖춰야 하는 함께 이기는 사고방식이다.

꿈에서도 갈망하던 자리를
어떻게 차지할 수 있을까?

당신도 나 같은 마음을 가져봤는지 모르겠다. 나는 TV나 신문 보도에 등장하는 어떤 행사나 시상식 사회자가 세상이 모두 아는 유명한 예능인일 때 마음속으로 이렇게 생각했다.

'왜 내가 아니지? 나야말로 저 무대 위이 사회자이어야 해!'

내 생각에 당신도 분명 비슷한 경험이 있으리라. 당신이 가장 하고 싶은 일, 가장 앉고 싶은 자리에서 선배 혹은 동기가 활약할 때, 내심 불편했을 것이다. 불편한 것은 불편할 뿐이다. 단순한 원망과 질투라면 당신의 현재를 바꾸고 그 자리로 향하는 데 아무 도움도 되지 않는다. 무엇을 해야만 당신이 꿈에서도 바라던 그 자리에 앉을 수 있을까?

이 문제를 두고 나는 오랫동안 고민했다. 그리고 부단하게 실천하며 내가 그 자리에 가려고 노력했다. 이 과정을 통해 나는 아래의 몇 가지 절차가 도움이 된다는 사실을 알게 됐다.

1. 자신의 가치와 강점을 확실히 알라

나의 경우, 무수한 사회자가 활동하는 세상에서 내가 다른 이들과 다른 어떤 가치와 강점을 가지고 있는지 파악하는 일이 우선이다. 나는 박사학위가 있다. 그리고 중국어, 영어, 일본어, 한국어를 할 수 있다. 그러니 예능이나 개그 프로그램이 아닌 외국어 관련 사회활동부터 출발해야 할 것이다. 나는 무조건 남을 웃겨야만 직성이 풀리는 성격이 아니니 어느 정도 깊이 있는 프로그램이 어울린다. 물론 약간의 유머를 섞어서 이야기를 풀어나갈 수 있으면 좋다. 그래서 조금 전형적일지라도, 약간의 유머를 곁들일 수 있는 공공적 활동이나 프로그램이 내게 가장 적합한 무대다.

2. 자신의 능력을 드러내라

자신의 능력을 드러내기 위해서는 다양한 밑바닥에서부터 출발해야 한다. 먼저 계속 책을 출판해야 한다. 대중이 TV에서 나를 볼 수 없을지라도(왜냐하면 나는 유명하지 않고 예능인도 아니기 때문에 TV에서 많은 출연 요청이 오진 않는다), 적어도 3개월마다 인터넷 서점에 나의 새 책이 올라간다면 나는 일주일간 지속해서 노출된다.

책이 출판되면 라디오나 TV프로에 보다 쉽게 출연할 수 있고 때때로 인터뷰 요청을 받는다. 이런 미디어가 가장 필요한 것은 콘텐츠다. 나는 내 책에서 남녀관계 문제, 자기계발, 정서관리, 언어학습, 해외 구직, 심지어 자녀 교육 등 다양한 의제를 다룰 것이다. 그러면 프로그램 섭외 요청 가능성도 더 높아지니까. 이렇게 자주 노출되면 인기도 빠르게 얻을 수 있다.

다시 한 걸음 더 나가서 학교와 기업에서 강연을 한다. 대만에는 현재 162개의 대학이 있고, 고등학교와 직업학교를 포함하면 그 수를 헤아릴 수도 없다. 각 학교마다 3,000명이 와서 듣는다고 가정하자. 내가 매해 모든 대학교와 고등학교를 한 번씩 돌고, 이를 연속 3년 동안 강연하게 된다면 지명도는 높아지지 않을 도리가 없을 것이다. 행여 미디어의 프로그램 섭외 요청이 없어도 대만을 순회하며 강연하면 인기를 만들어 나갈 수 있다.

앞에서 언급했듯, 나는 출판과 프로그램 출연 및 강연 외에도 먼저 나서서 이곳저곳에 전화를 걸어 내 책을 들고 대형 행사, 특히 외국어를 중시하는 공기업 혹은 공공기관의 행사장을 방문한다. 이들 공기업과 공공기관은 대개 고객의 요구와 유명세를 따져 유명한 사회자나 예능인에게 행사 사회를 맡긴다. 하지만 일본어나 한국어 실력이 필요하거나 그 사회자가 다양한 상황에 제대로 대응하지 못할 가능성도 존재한다. 혹은 유명 사회자의 몸값을 맞추지 못할 수도 있는 것이다. 이때 그들이 내 경력과 적당한 몸값, 나의 적절한 업무 태도를 보면 내게 한 번의 기회를 줄 수 있을 확률도 매우 높아질 거다. 이런 한 번의 기회를 잘 잡으면 나의 고정적 기반이 될 것이며, 공기업이나 공공기관이 그들의 고객에게 나를 추천할지도 모르는 일이다.

3. 도움을 줄 수 있는 귀인을 찾아라

나는 위에서 늘어놓은 방법을 줄곧 실천하고 있었지만 효과는 제한적이었다. 나는 유명하지 않았다. 또 지난 7년 동안 매해 반년 동안은 한국에 체류해야 했다. 나는 내 꿈을 이루지 못했었다. 그래서 한국의 직장을 그만두고 대만에 돌아와 엘린 엔터와 계약을 체결하며 내 꿈을 위해 전력을 다했던 것이다. 산리三立와 왕왕중스旺旺中視 그룹의 자본이 뒷받침하는 엘린의 미디어 방면 실력이 나의 연예계 등장을 지원할 수 있을 거라는 판단이었다.

하지만 여전히 부족했다. 나의 차별성을 보여주려면 더 적합한 플랫폼이 필요했다. 연예계에서는 영어, 일본어, 한국어 3개 국어를 요구하는 무대가 드물다. 영상매체 역시 너무 심도 있는 내용은 기피했다. 그들은 단지 직접적이고 효과적으로 보여주길 바랐다. 그래서 나는 톈샤잡지사에 전화를 걸었다. 나는 그들 산하에 있는 〈톈샤잡지〉와 〈Cheers〉가 산업과 회사, 글로벌 문제에 관한 행사를 자주 개최한다는 사실을 알고 있었다. 그 행사들은 내 조건에 딱 들어맞았다. 나는 진지함과 유쾌함 모두를 구현할 수 있었다. 게다가 외국어가 필요한 행사 진행 역시 가능했다. 역시나 그쪽의 행사진행자와 나는 죽이 맞았고 추후 협력을 논의할 수 있었다. 이런 협력은 긍정적 인상을 쌓는 데 큰 도움이 된다.

4. 깊이 있는 실력을 만들어라

위의 세 가지도 중요하지만 가장 핵심적인 것은 전문적인 자신의 실력이다. 누군가 당신의 가치를 사려 한다면 그 전제는 당연히 당신에게 충분한 실력이 있다는 것이다. 내가 매일 30분에서 1시간 정도의 시간을 할애해서 영어, 일본어, 한국어를 지금도 공부하는 이유이기도 하다. 그리고 캉융 형, 쟈오^仗 형, 과^瓜 형, 춘화^{春華} 누님과 샤오옌^{小燕} 누님의 사회 진행 스타일을 연구하는 까닭이다. 자신을 그들이라고 가정하고 모방해서 배워야만 비슷한 기회가 왔을 때 잡을 수 있다. 기다리던 기회가 오면 꼭 붙잡고 절대 놓치지 말아야 한다. 이런 경험들이 하나씩 하나씩 쌓여가면 결국 나는 아시아 최고의 사회자라는 꿈을 이룰 수 있을 것이다.

내 사례가 직장에서의 당신과 비슷하지 않은가? 만약 당신이 그토록 갈망하던 자리로 가고 싶다면 반드시 자신의 장점과 가치가 무엇이고 어디에 있는지부터 파악해야 한다. 그리고 모든 방법을 동원해 틈만 보이면 바늘을 꽂듯이 자신을 부각시켜라. 리쟈청^{李嘉誠}도 생애 첫 번째 직장을 다니면서 남는 시간에 공부해둔 영어의 덕을 톡톡히 봤다. 외국인 고객이 없을 때 통역 없이 소통해서 실력을 보였고 기회를 잡은 것이다. 위기 상황에 적절히 대처하면서 사장의 신임을 얻어 점차 더 큰 직책을 맡을 수 있었다.

'자신을 드러낸다'는 말의 뜻을 살펴보자. 만약 당신이 서비스업, 가령 보험이나 차량 딜러라면, 매일 고객에게 최소 30여 통의 전화를 하고 3명의 고객을 직접 찾아가는 정도를 뜻한다. 이런 게 바로 당신이 해야 할 일이다. 나는 더 많은 이들이 나를 알고 내 강연을 듣게 하려고 계간지를 손에 들어 한 곳 한 곳 전화를 걸었다. 10곳에 전화를 걸면 최소한 한 군데서는 나를 초청해 강연을 개최했다. 그리고 이 확률은 점점 상승했다. 렌화전자에서 강연을 하고서 TSMC에 전화를 걸어 렌화에서 강연을 한 적이 있다고 말하면 된다. TSMC는 내가 유사 대기업에서 강연했다는 사실에 비교적 쉽게 나를 초청하게 된다. 마찬가지 방식으로 렌화와 TSMC 강연이 끝난 뒤 다시 광다廣達와 아수스에서 강연을 할 수 있었다. 사람은 모두 '다른 사람도 있는 물건'을 갖고 싶어 하기 마련이다. 이런 군중심리를 이용한다면 2명의 고객으로 보다 쉽게 20명이 고객을 유치할 수 있다. 이러다 보면 200명이라는 고객의 숫자도 그리 어렵지 않게 다가온다.

당신의 직책이 아직 낮다면 당신의 직속상관이나 팀장이 곧 당신의 귀인이다. 기본적으로 그들이 할 수 있는 일은 당신도 다 해낼 수 있어야 한다. 그리고 그들의 약점을 관찰하고 파악해서 당신의 능력으로 그들의 약점을 보충해라. 그러면 그들은 당신을 필수적인 인재로 인식할 것이며 당신을 중용할 것이다. 설령 그들이 다른 회사로 이직한다 해도 당신과 함께 가고 싶어 할 확률이 높다. 은행에서 일하는 내 친구는 이런 방식으로 그의 상관과 함께 이직해서 그곳의 부책임자로 승진했다. 그 부서의 조직구조는 비교적 단순했다. 몇 년 후 그의 귀인이 개인 사업을 위해 퇴직하자 그는 바로 그 상사의 자리에 올랐다. 그 부서의 총책임자가 된 것이다. 내 친구는 동일 연령대의 다른 사람들보다 최소 5년은 빠르게 그 자리를 차지했다.

자신의 실력을 심화시키려면 매일매일 정진하고 그때그때 깨우쳐 나가야 한다. 많은 이들은 자신이 기업에서 다른 사람들을 도와 아르바이트를 하는 것에 불과하다고 여긴다. 따지고 보면 처음부터 끝까지 모두 자신의 일을 하는 것이다. 당신은 매일 자신의 시간과 정력을 쓴다. 회사에 돈을 벌어 바치는 것처럼 보이지만 당신도 그 일을 하며 경험을 쌓고 있는 것 아닌가? 그 경험 모두가 다른 이들이 훔쳐 갈 수 없는 당신만의 자산이다. 이렇게 생각하면 모든 직장인들은 열정적이고 영리하게 일할 수 있다. 당신의 위치는 계속 달라지겠지만 그 과정에서 쌓은 능력은 평생 함께하는 소중한 보물과 같기 때문이다.

TIP

달인의 팁: 꿈에도 그리던 그 자리로 가고 싶다면 지금 그 자리에 있는 사람보다 더 노력해야 한다. 당신의 장점을 파악하고 그 장점을 자연스럽게 드러내라. 누구보다 완벽하게 일을 완수하면, 상사는 저절로 당신의 귀인이 돼 당신을 중용할 것이다!

후기

기회는 자신이
만들어내야 한다

　내 기억으로 25, 26살 즈음일 것이다. 나는 생각했다. 여러 활동에서 내 외국어 실력과 업무 처리 능력을 증명했으니 누군가 내게 기회만 준다면, 한 부서를 넘어 한 회사도 관리할 수 있다고. 나는 국내 기업이든 해외 기업이든 그 전장을 누비며 활약할 자신이 있었다. 하지만 언젠가부터 내 생각은 많이 달라졌다. 나는 스스로에게 물었다. 왜 늘 다른 사람이 내게 기회를 준다고 생각하는 걸까? 다른 사람이 기회를 주기만을 기다리다가 아무도 내게 기회를 주지 않는다면?

　이렇게 '다른 이가 주는 기회'를 기대하는 심리적 저변에는 두 가지 위험한 잠재적 사고가 내재돼 있다. 첫째, 언젠가 좋은 기업과 기회가 하늘에서 떨어질 것이라는 생각. 문제는 현실세계에서 내가 목격한 좋은 기회들은 모두 당사자가 적극적으로 나서서 쟁취한 것이라는 점이다. 그리고 그 쟁취가 가능했던 이유는 당사자가 평소에도 노력을 게을리하지 않고 성과를 쌓아왔을 뿐만 아니라 기회를 어떻게 잡아낼지를 알고 있었기 때문이다. 이 두 가지는 성공의 필수적인 조건이다.

둘째, 다른 사람이 주는 기회를 기다리는 심리 안에 내재된 위험한 생각은 다음과 같다. 이렇게 생각하는 대부분의 사람들이 생각하지 못하는 건, 당신이 고대하는 그 자리에 앉은 사람들은 모두 낮은 곳에서 차곡차곡 올라왔다는 사실이다. 그들은 상사들에게 욕을 먹어가면서, 혹은 부서에서 버려진 곳에서 제도를 만들고 개조해냈다. 실력과 실적으로 회사 임원들의 신임을 얻고 더 높은 자리로 올라가 더 많은 재량권을 가지게 된 것이다. 전부 그들이 한 걸음 한 걸음 걸어오며 만들어낸 것이다. 만약 당신에게 이런 노력과 경험이 없다면, 투자자나 회사의 오너가 무엇을 근거로 당신의 능력이 그들을 대체할 수 있다고 판단하겠는가? 어떻게 당신에게 그들을 대신해 회사 경영과 시장 공략을 맡기겠는가?

그러니 '나는 기회를 기다린다'라는 생각은 버려라. 당장 눈앞의 일에 열중하고 수중의 일을 처리해나가면서, 마음속으로 더 높은 목표를 설정하는 게 바로 당신이 할 일이다. 모든 노력은 전부 정점의 목표를 향한 것이다. 이렇게 노력하면서 천재일우의 기회를 기다려라. 스스로를 추천하는 기술을 통해 자신을 드러내고 신임을 얻어라. 몇 년 동안 쌓아온 자신의 공력을 적당하게 발휘하라.

나는 첫 책이 나온 뒤부터 스스로 추천하는 방법을 활용해 후속 책을 출판하려는 출판사를 찾았다. 다음 저서라는 가장 좋은 '명함'을 들고 전화를 걸어댔다. 각종 민간 기업과 방송사를 먼저 나서서 접촉해 강연과 방송출연의 기회를 붙잡았다.

200

나는 마음속으로 계산했다. '스스로가 스스로에게 기회를 만들어 주자'. 그리고 이런 비즈니스 마케팅과 생경한 곳에서 성장한 경험을 나의 강력한 자산과 무기로 삼자. 이런 노력으로 나를 대만의 차이융캉 형이나 중국의 유명 사회자인 멍페이孟非와 같은 수준으로 끌어올린다면, 그야말로 판매의 대가와 마케팅의 고수가 된 것에 다름 아닐 것이다. 내 업무량이 늘어날수록 이 노하우는 고용한 직원에게 전수해야 한다. 마케팅의 기교를 다져가면서도 조직을 훈련하는 경험이 될 테니까. 그 사람은 '정콱위'라는 상품만을 파는 게 아니라 다른 상품도 팔 수 있을 것이며, 실적으로 고용주를 설득하고 직장에서의 입지를 다질 수 있을 것이다.

사실 이렇게 노력을 기울여 자신을 스스로 추천하고, 그 과정에서 만들어진 시장 개발과 고객 설득 능력을 처음부터 원했던 건 아니었다. 물론 내가 먼저 나서서 왕웨이중, 쉐셩펀, 허우원옌 등의 연예계 대선배들에게 접촉했지만, 그들은 내게 관심조차 없었다. 그래서 나는 저명 인사들의 도움 없이 스스로 시장을 개척하고 인지도를 쌓을 수밖에 없었다. 그리고 생계를 잇기 위해 기업과 학교에서 강연도 했다. 그 덕에 마케팅 능력, 설득력, 집행력, 무대 위에서의 표현 및 임기응변까지 동시다발적으로 훈련할 수 있었다. 그 누구도 내 경쟁력을 쉽게 쫓아올 수 없게 만든 것이다. 이 모든 게 다른 사람이 기회를 주기를 기다리기보다 자기 스스로 기회를 창조하는 가장 좋은 사례가 아닐까?

마지막으로 나는 여러분과 함께 또 하나의 중요한 아이디어를 공유하고자 한다. 당신도 나처럼 생각한 적이 있을지 모르겠다. 학창

시절, 나는 숱한 신문보도에서 성공한 이들의 이야기를 봤다. 마흔 살 정도에 이미 여생을 보내기에 넉넉한 부를 쌓고, 매일 유유자적 여행이나 다니며 즐거운 인생을 산다는 이야기들. 그때 나는 내게 말했다. 나도 저렇게 살아보겠다. 마흔 살에 내 발로 퇴직하리라.

그 결과, 나는 33세에 이미 반은 퇴직한 상태가 됐다. 한국의 대학에서 1주일에 3일 일하고 받는 월급 12만 대만달러 외에도, 나는 대만, 중국, 싱가폴, 말레이시아, 홍콩 등지에서 들어오는 출판 인세로 아무것도 하지 않아도 매달 대략 20만 대만달러의 수익을 얻을 수 있었기 때문에 자유분방한 삶을 살았다.

이렇게 살아가다가 내 생각은 또 한 번 크게 달라졌다! 『당신은 당신을 응원하는 전문가你就是自己的激勵達人』 등 각종 베스트셀러와 당신이 지금 읽고 있는 이 책 『세상에 나를 추천하라』를 출판하면서 스스로 다짐했다. 내게 은퇴란 없다! 은퇴하지 않는다고 해서 '죽을 때까지 일만' 하는 것은 아니다. 나라는 인간은 계속 행동해야만 자신의 존재감과 가치를 감각할 수 있다는 사실을 깨달은 것이다. 너무 일찍 모든 것을 놓으며 유유자적하면 반대로 점점 즐거움을 느끼지 못하고 인생에 대한 흥미를 상실하게 된다. 나는 입에 풀칠하려고 일하는 게 아니다. 내 자신의 흥미와 재능, 그리고 열정을 위해 일한다. 나아가 더 많은 이들에게 좋은 영향력을 미치고 싶다.

대학교 강연 때다. 종종 독자들이 쫓아와 내 손을 잡고는, 고등학교 때부터 내 책을 읽었고 그 내용대로 살아서 지금의 즐거운 학교 생활과 마음가짐이 가능했다며 감사 인사를 전해 오곤 했다. 이런 격려들이 나를 멈추지 않고 전진하게 만들고 글을 써서 누군가의 동기를 응원하게 만든다. 나는 은퇴하지 않을 뿐 아니라 끊임없이 글을 쓰고 이야기할 것이다. 아무도 내 책을 사지 않고, 아무도 내 강연을 듣지 않고, 또 천스우陳式武 선생처럼 내가 쓴 책을 내가 사게 되고 지팡이에 의지하며 휠체어에 앉게 될 때까지, 더 많은 이들이 내게 감동과 영향을 받게 하고 싶다.

당신도 마찬가지다! 지금 이 글을 읽고 있을 당신이 가진 풍부한 세계관과 업무 경험을 갖고서 그냥 은퇴하게 된다면 정말 아쉬울 것이다. 청하건대 나처럼 자신의 경험과 지혜를 저술과 강연을 통해 많은 이들과 함께 나누고 그들을 격려해주길 바란다. 청년들에게 다음과 같은 사실을 알려줘야 한다. 태어날 때부터 글로벌 인재인 사람은 없다. 언제든 자신의 둥지를 떠나 더 넓은 세계로 눈을 돌릴 수 있어야 한다. 어떤 노력으로 외국어 능력을 강화할 것이지, 어떤 기교로써 사장을 설득해 더 많은 권한과 책임을 획득할 것인지, 어떤 전략으로 자신의 경쟁력을 높일 것인지, 어떤 방법으로 인맥을 넓히고 사업에서 합종연횡할 계기를 마련할 것인지 고민하라. 이러한 경험의 공유는 다른 청년들을 격려할 뿐 아니라, 당신 자신을 고무시키고 당신의 가치관과 존재감을 강화시킬 것이다. 또한 긍정적인 선순환으로 새로운 인생의 절정을 느끼게 한다. KFC의 창업자 커널 할랜드 샌더스는 66살의 나이에 창업을 해서 패스트푸드 업계를 주름잡았다. 나이 70을 목전에 둔 노인도 성공을 위해 끊임없이 노력했는데, 우리가 어떻게 노력을 멈출 수 있겠는가?

멈출 수 없을 뿐만 아니라, 마지막 숨결을 내뱉을 때까지 그 전쟁을 해나가야 한다. 성공은 종점이 아니다. 성공은 끊임없이 추구하고 노력하는 과정이다. 서로서로가 지원하고 함께 격려하며 더 많은 기회를 창출한다면, 자신과 미래의 후손들을 위한 멋진 이야기를 남길 수 있을 것이다.

한국어판을 펴내며

내 책 『세상에 나를 추천하라』가 한국의 독자들과 만날 수 있게
돼 너무 기쁘다.

일반적인 외국인 저자들은 대부분 출판 에이전시 소개를 통해서
자신의 책을 한국에 출판할 것이다. 하지만 나는 스스로 출사표를
던져 나의 책을 한국에서 출판하게 되었다.

만약 당신이 이 책을 끝까지 읽었다면, 이 책이 얼마나 힘들게 한
국에서 출판하게 됐는지 알 수 있을 것이다. 그리고 계속 이 책의
소식에 관심을 기울인다면, 내가 한국에 날아가 독자들과 만나고
자신의 발전과 성장에 대해 이야기를 나눌 기회가 만들어지는 걸
볼 수 있을 것이다. 혹, 당신이 거주하는 곳에서 나를 만날지도 모
른다.

빠르게 유통되는 정보의 시대, 사람들이 책과 점점 멀어지는 이
시대에 한 권의 책이 서점 매대에 놓인다고 해서 큰 반향을 일으킬
수는 없다. 작가는 독자들이 자신의 재능을 알아보길 바라는 마음
으로, 전력을 다해 자신의 책을 알리고 판매하려 한다. 이렇게 해야

비로소 독자들이 알게 되고, 인식하게 되며, 텍스트를 통해 작가로부터 감동을 받을 수 있으다. 더 나아가 행동하며 삶의 주도권을 되찾아 오게 된다.

이 책에 대한 나의 태도는 바로 내 인생의 태도다. 당신 또한 스스로가 치렀던 모든 노력과 일구었던 성취에 대한 태도이기를 바란다. 체면 따윈 중요치 않다. 당신을 붙잡고 있던 공포는 그저 망상에 불과한 것이다. 대담하게 원하는 것을 쟁취하라. 당신은 더 나은 삶을 가질 가치가 있다.

나는 왜 한국에서의 직업을 포기하고 대만으로 돌아왔을까? 연애를 할 때 바람을 피면 안 되듯이 직장도 마찬가지다!

창업에 대해서 오래 묵은 두 가지 관점이 있다. 첫째는 모든 사람에게 창업이 적합한 건 아니라는 것이다. 대기업을 떠나면 직함도 잃게 된다. 창업을 하려면 모든 것을 처음부터 시작해야 한다. 이때서야 사람들은 자신이 창업에 어울리지 않는다는 사실을 알게 된다. 이미 실수는 저질렀고 후회는 언제나 늦다. 그러니 가장 좋은 방법은 다른 사람의 회사에서 일하면서 남는 시간을 활용해 창업하는 것이다. 창업의 온도를 느껴봐야 한다. 이러면 새 사업의 전망이 밝지 않더라도, 최소한 안정적인 기존의 직장은 그대로 유지할 수 있다.

둘째는 창업을 결심했다면 뒤도 돌아보지 말고 달려가야 한다는 것이다. 생각해보자. 창업한 사람은 사업 초기에 필로남루^{篳路藍縷}(어려움 속에서도 고난을 이겨가며 노력하는 것을 비유)하고 일리만기^{日理萬機}

(하루에 할 일이 만 가지나 된다. 일이 매우 많음을 뜻함)해야 한다. 처리해야 할 일이 그렇게 많은데 어떻게 '두 개의 양초를 동시에 태울 수' 있겠는가? 자칫 잘못하면 양쪽 모두 집중하지 못하고 창업도 실패한다. 원래의 직장도 실적이 나빠져 해고될 수 있다. 이때의 손실은 감당할 수 없다. 그러니 놀 때는 놀아야 하는 것처럼, 창업을 결심했다면 전력을 다해 노력해야 한다!

사실 두 개의 논점은 모두 일리가 있다. 사람, 일, 시간, 장소, 물건 등은 각기 변화하기에 이 모든 것을 하나로만 단정할 수 없다. 지금 세상이 보여주는 대부분의 사례는 창업에서 성공한 자들의 이야기다. 당신이 이 이야기에 집중하면 과감하게 뒤도 돌아보지 않고 창업하려는 경향을 보이며 예전 직장에 구속되지 않으려 할 것이다. 만약 미디어가 창업에 실패한 사람들을 집중 보도한다면, 대부분의 창업 실패자들은 당신에게 '절대로 무리하게 시도하지 마라', '물러서지 않겠다 따위의 각오는 바보 같은 것'이라고 말하며 원래 일자리를 유지해야만 마지막 보루까지 잃지 않을 것이라고 조언할지 모른다. 안타까운 것은 그들의 진심 어린 조언들은 당신에게 잘 닿지 않는다는 사실이다. 이 지점에서 나는 내 경험을 여러분과 나누고자 한다.

2006에서 2013년까지 나는 한국 홍익대학교에서 중국어를 가르쳤다. 한국에서 중국어를 가르치는 이 일자리는 누가 생각해도 '매우 괜찮은' 것이었다. 나는 일주일에 3일만 일했고, 그것도 하루에 4시간만 가르치면서도 한 달치의 월급을 받았다. 액수는 한국 돈으로 약 480만 원 정도였다. 게다가 여름방학과 겨울방학을 합치면 모두 5개월의 장기 휴가가 제공됐고, 학기 중에도 언제든 어린이날이나 추석 같은 공휴일을 끼워서 긴 연차를 쓸 수 있었다. 이 직장 소득에다가 당시 나의 출판 인세와 강연비를 계산해 수입을 추산하면, 난 큰 힘을 들이지 않고서도 한 달에 800~1000만 원 정도를 벌여들었다.

내가 한국에 간 이유는 많은 이들이 생각하는 것처럼 타지에서 더 많은 돈을 벌기 위해서라든가 더 좋은 기회를 찾아서가 아니다. 내 계산은 이랬다. 나는 일류 사회자가 되고 싶었다. 당시 대만의 사회자들 중에 유창하게 영어, 일본, 한국어를 할 수 있는 사람은 없었다. 내가 한국에 간다면 겉보기에는 중국어를 가르치지만, 실제로는 한국어를 배울 수 있었다. 언젠가 대만 혹은 중국에서 연예인이나 유명인들의 기자간담회 사회를 보는 일도 모두 내가 맡을 수 있지 않겠는가? 특별한 사회자가 되려면 운도 필요하다. 많은 연예인들이 사회자가 되고 싶어 하지만, 고정적인 일자리와 수입이 없어 낮은 페이의 일을 전전하거나 심지어 빚을 내어 생활을 하기도 한다. 그래 나는 한국의 교수라는 직업을 기본값으로 두고, 일주일에 3일만 일한 뒤 수요일 혹은 목요일에 대만이나 중국에 넘어가 사회를 보거나 강연을 한 다음 일요일에 다시 한국에 돌아와 학생들을 가르쳤다. 거기에 여름과 겨울 방학 5개월 동안 또 중화권을 돌며 일하니, 이는 황금 낙하산을 들고서 유쾌한 시간을 보내는 것과 같다. 이 계획은 환상적이었다.

하지만 현실은 환상과는 확실히 달랐다. 몇 년 동안의 시도, 그 실상은 이러했다. 대만, 중국의 프로그램 출연이나 강연 요청이 꽤

들어왔지만, 일정 대부분이 월요일, 화요일, 수요일이었다. 그 날짜에는 참석이 불가능하다고 말하자 '감사합니다 다시 연락드리겠습니다'라는 답이 왔다. 내가 대만에 체류하지 않는다는 사실을 안 그들은 내가 촬영에 함께할 수 없다고 여긴 것이다. 나는 그들의 일정에 맞출 수 있기를 정말로 원했다. 제작팀에서 시간을 목요일에서 일요일로 조정해주기만 하면 되는 일이었다. 하지만 나는 저우제룬周傑倫이나 린즈링林志玲 같은 유명인이 아니었다(물론 지금도 그 정도는 안 된다). 그들처럼 유명한 사람들에게만 제작팀은 사람에 맞춰 일을 진행하고, 사람에 일정에 따라 시간을 조정해준다. '정쾅위는 뭐 하는 놈이야?' 라는 반응. 나를 찾는 연락은 시나브로 줄어들었다.

결국 2013년에야 나는 내가 가장 원하는 일은 사회자라는 내면의 목소리를 따르기로 했다. 그리고 당시 대만에 있는 갓 한 살이 된 내 아이가 왔다 갔다 하는 아빠 때문에 울게 하고 싶지도 않았다(당시 나는 2주에 한 번씩 대만으로 돌아와 가족과 만났다). 그래서 한국의 일자리를 포기하고 대만으로 돌아와 사회자 경력 보강과 나의 상품화에 전력을 다하기로 결정한 것이다. 대만에 돌아온 직후의 상황은 참담했다. 고정 수익이 월 12만 대만달러에서 2만 대만달러로 뚝 줄어버렸다. 이 2만 대만달러는 예전에 출판한 책 20여 권의 인세, 그리고 가끔 요청받는 강연으로 벌어들이는 수입이었다.

하지만 이런 열악한 상황 앞에서 나는 침착했다. 나는 2005년부터 체면 따위는 신경 쓰지 않고 스스로를 추천하는 셀프 마케팅의 방법으로 첫 책을 출판한 바 있다. 그리고 100여 곳의 기업과 학교에서 강연하는 경험을 쌓아왔다. 이를 통해 나는 내가 살아온 방법을 이용해 원하는 것을 얻을 수 있다는 사실을 알게 됐다. 실제 결과도 마찬가지였다! 지금의 나는 〈톈샤자즈天下雜誌〉의 고정 협력 사회자이자 둥우대학교東吳大學華 언어 교육센터의 부주임이다. 그리고 투자제작한 영화 〈심판審判〉이 국제적인 명성을 얻었다. 또한 이런 경제적인 경험을 공유하는 창업 어플리케이션과 Space4Car(무료 주차장을 찾아주는 앱)를 만들었다. 이 모두는 내가 '양다리'와 '딴마음'을 포기하고 집중해서 얻어낸 성과들이다.

그러니 당신이 창업을 하고 싶다면, 먼저 원래 직장에서 최선을 다해 업무를 처리해야 한다. 이때 쌓은 실력과 경험이야말로 창업 때 당신의 가장 좋은 방패가 되어줄 것이다. 절대로 예전 나처럼 안 일하게 3년여의 시간을 낭비하지 마라. 물론 양다리가 불가능한 것이 아니다. 하지만 양쪽 어디든 전력을 다하지 않으면 마음속의 후회를 피할 수 없게 된다. 그러다 실패하면 스스로에게 '아 그때 최선을 다하지 못했어' 같은 변명을 늘어놓게 된다. 이러면 창업 결심 후 돌아보지 않고 매진하는 것보다 못한 결과가 아닌가. 반대로 당신이 직장에 남기로 결정한다면, 반드시 당신 자신을 극한까지 몰아붙여 좋은 실적을 내야 한다. 직장에서 쌓은 지식과 경험은 그 누구도 가져갈 수 없는 당신만의 것이기 때문이다. 이런 점들을 고려하면, 우리는 다른 사람을 위해 일하는 게 아니라 스스로를 위해 일한다는 점을 발견할 수 있다.

대만 최초로 페이스북 본사의 강연 요청을 받는
강사가 되려면, 나는 어떻게 해야 할까?

2014년 9월 19일 나는 대만인 최초로 미국 페이스북 본사의 강연 요청을 받았다. 내가 페이스북 본사에서 강연할 수 있게 된 이유와 당시의 마음가짐, 강연의 방법 등은 불경기 속에서 방향을 잃고 가라앉는 많은 청년들과 공유할 만한 가치가 있다고 생각한다.

여러분이 책을 읽었다면 알겠지만, 목표를 세계적 수준의 자기계발 전문가로 설정했다면 저술과 강연 및 프로그램 사회를 수단으로 삼고, 자신을 세계적인 무대에 세우는 방법을 모색해야 한다. 그렇게 되면 더 많은 매체의 관심을 받을 수 있고 경제적으로도 큰 도움이 된다.

나는 스스로에게 물었다. 국제무대에 서고 싶다면, 미국 페이스북 본사에서 강연을 하는 게 가장 좋은 방법 아닐까? 그러면 내 상품 가치도 드높일 수 있지 않을까?

목표가 생기면 바로 행동한다. 그래서 나는 그 즉시 페이스북의 창업자 마크 저커버그에게 메일을 썼다. 당연히 답장은 오지 않았다. 일주일이 지나도 답장이 오지 않자 나는 다시 필사즉생의 정신을 발휘해 친구들에게 문의를 시작했다.

당시 나의 페이스북 친구는 이미 5,000명에 달했고, 팬의 수는 8,000명이 넘었다. '분리의 여섯 단계 이론'에 따르면 페이스북 관련자를 찾지 못할 리 없었다.

이 1만 3천 명(물론 많은 중복자가 있겠지만) 중에서 페이스북에서 일하는 사람, 혹은 페이스북에서 근무했거나 지인 중 페이스북에서 일하는 사람을 찾을 수 있을 것이다. 그들을 통해 다시 페이스북에 연락한다면 일을 성사시킬 수 있으리라 생각했다.

나는 이렇게 '고된 방식'으로 페이스북 친구와 팬들의 프로필을 하나하나 읽어보기 시작했다. 약 100명 정도의 사람을 찾았을 때 갑자기 누군가의 메일이 도착했다. 그가 누구냐고? 그는 미국의 캘리포니아대학교 데이비스 캠퍼스에서 공부할 때 알게 된 미국으로 유학 온 중국인 선배였다.

그는 굉장히 흥분한 상태로 내게 말을 걸어왔다. 그는 내가 대만에서 많은 책을 출판하고, 매체에 출연하며 심지어 중국 유명 인터넷 쇼핑몰 본사에서 강연을 했으니 이미 유명인사가 됐다고 말했다.

내 생각은 좀 달랐지만 선배가 그렇게 생각해주니 다른 말을 하진 않았다. 대화를 주고받다가 궁금해서 선배가 지금 무슨 일을 하는지 살펴보았다. 꼼꼼히 보니 그는 졸업 후 미국에서 소프트웨어 관련 일을 하다가 지금은 바로 페이스북에서 일하고 있었다.

나는 이 기회를 놓칠 수 없었다. 그에게 페이스북에서 영어로 강연을 하고 싶다는 내 의사를 밝히고 관련 정보를 제공했다. 그리고 그에게 회사 인사팀 혹은 교육훈련 담당자가 내게 강연을 요청할 의사가 있는지 확인해주길 부탁했다.

일주일이 지난 후 페이스북 인사팀의 연락이 왔다. 올해는 이미 어떤 기업 대표의 강연이 예정돼 있고 다른 강연자를 요청할 계획은 없다는 내용이었다. 대부분의 사람들은 이 즈음 포기할 것이다. 하지만 나는 "체면 차리지 말고 죽을 각오로 임하라, 세상은 바로 내 것이다"라고 외친 아시아 최고의 자기계발 달인이 아닌가? 어떻게 바로 포기할 수 있겠는가?

아이디어가 번뜩 떠올랐다. 몇 개월 전 대만의 페가트론PEGATRON의 요청으로 강연을 한 적이 있었다. 그런데 그 강연은 인사팀이 요청한 게 아니라 직원들이 스스로 조직한 강사연습 모임이 요청해서 이뤄진 것이었다. 그래서 선배에게 페이스북 내부에 직원 자체 조직이 있는지 물어봤다. 회사의 모임이 요청하나 회사가 요청하나 어차피 페이스북에서 강연하는 건 똑같으니까.

선배는 내 메일을 회사직원들에게 회람시켰다. 그리고 중화권 직원들이 조직한 Chinese@Facebook라는 모임을 발견했다. 그들은 내게 큰 관심을 보였다. 그중 일부는 내 책과 내가 업로드한 유튜브 영상을 미리 보기도 했다. 결국 그들은 나를 초청했고 9월, 페이스북에서의 영어 강연이 결정됐다. 페이스북을 이용해서 페이스북에서 강연하게 된 것이다.

나는 하나의 일이 주어지면 그 일을 완벽하게 수행할 뿐만 아니라 또 다른 방법을 궁리해서 그 일의 효과를 확대하고 지속되게 한다. 기왕 페이스북의 강연 요청을 받아 캘리포니아 샌프란시스코까지 가게 됐으니, 구글이나 링크드인Linkedin 같은 회사에서도 강연하면 좋지 않겠는가?

그래서 나는 내 페이스북 계정에서 나의 페이스북 본사 강연 확정 사실을 공표하며 구글에서도 강연하고 싶다는 뜻을 밝혔다. 그리고 모든 SNS 친구들에게 전파를 부탁했다. 그 뒤로는 내가 연락만 취하면 됐다.

결론적으로 구글 강연은 성사되지 못했다. 하지만 연락을 도와줬던 구글의 기술자들이 내게 점심을 한턱 사기로 했다(먹어도 돈을 낼 필요 없는 바로 그 전설의 카페테리아에서).

로스앤젤레스의 솔라시티SolarCity(테슬라의 대표 엘론 머스크가 가진 또하나의 회사)에서 일하는 또 다른 지인은 그 회사의 업무팀과 롤리컵Lollicup(캘리포니아 최대 버블티 회사이자 텀블러 빨대 제작사)의 업무 및 고객서비스팀을 움직여 나의 로스엔젤레스 강연을 성사시켜 줬다.

그러니 나는 한 번의 미국행으로 세 곳의 대기업에서 강연을 하고 현지의 〈스제일보世界日報〉와 인터뷰를 진행할 수 있었다. 이 성과는 국제 강사의 면모를 강화시키는 데 큰 도움이 됐다. 이러한 '좋은 일'의 시작점은 하나의 생각이었다. 여기에 극도의 노력을 더해 이뤄낸 성취였다.

나는 다음 단계로, 같은 방법으로 성과를 이어나가려 했다. 일본의 소니, 도요타, 한국의 삼성전자 혹은 현대자동차 등에 연락할 방법을 찾아서, 이 기업들에서 일본어와 한국어로 강연하는 것이다. 그러면 국제적인 자기계발 전문가와 다국어 강사라는 지위가 더 확고해질 테니까.

자, 다들 내 생각과 논리, 그리고 수단과 방법을 보았는가? 당신이 일을 하고 싶다면 반드시 전력을 다해 방법을 고민해야 한다. 이 방법이 안 되면 다른 방법으로 하면 된다. 이 길을 갈 수 없다면 돌아서 다른 길로 목적지에 도착하면 된다. 핵심은 절대로 포기하지 않는 것이다. 당신은 자아를 제고하고 긍정적인 영향력을 발휘하기 위해 부단하게 노력해야 한다.

당신이 나와 같은 목표를 가질 필요는 없다. 하지만 적어도 나 정도의 각오와 방법을 가져야만 당신의 영역에서 당신만의 세상을 가질 수 있을 것이다.

나는 어떻게 나의 책을 한국에서 출판하고, 광주 강연까지 할 수 있었을까?

이 부분은 한국 독자들을 위해 특별히 새로 쓴 내용이다. 여기서는 내가 한국에서 책을 출판하게 된 경위, 그리고 2017년 10월 광주국제센터의 요청으로 한국 민주화의 성지 광주에서 강연한 일을 이야기하려 한다.

2012년, 한국에서 일을 하고 있을 때 나는 간절하게 내 책의 한국 출판을 원했다. 당시 나는 이미 대만과 중국에서 15권 정도의 베스트셀러를 출판한 상태였다. 어떤 각도에서 봐도 나는 독자들을 끌어들이는 흡인력이 있는 작가였다. 다만 문제는 상대적으로 보수적인 한국 사회였다. 나는 노벨문학상을 탄 유명 작가도 아니고 책 판매량이 한 권에 20만 부에 달하는 사람도 아니었다. 이런 객관적 사실들이 한국 출판사의 구미를 당기기에는 부족했던 것이다. 나는 그때도 먼저 나서서 덤벼드는 작업의 기술을 발휘해 최소 5곳의 출판사와 2곳의 출판에이전시를 접촉했지만 성공하지 못했다. 한국 에이전시인 임프리마코리아의 담당자는 당시 온 힘을 다해 나를 도와 책을 홍보했지만 4년 내내 뚜렷한 성과는 없었다. 하지만 오랜 시간 소통하며 다져진 우정은 빛을 발했다. 그녀는 KBS에서 제작한 다큐멘터리를 책으로 만든 『슈퍼 차이나』 중국어 판권을 대만에

팔려고 했다. 이때 나는 그녀를 도와 뛰어다녔고 대만의 출판사를 찾아 직접 번역을 맡았다. 이 책의 판매 실적도 나쁘지 않았다.

내가 번역한 『슈퍼 차이나』가 나름 좋은 성적을 거뒀으니 내 책의 한국 출판도 쉬워질 거라 생각했지만 상황은 크게 변하지 않았다. 하지만 나는 쉽게 포기하는 사람이 아니다. 나는 깨달았다. 좌절과 타격을 받았을 때도 내가 극한의 노력으로 이를 극복하면 또 하나의 의미 있는 이야기가 만들어지지 않겠는가? 그래서 나는 계속되는 좌절에 굴복하지 않고 끊임없이 기회를 찾아나섰다.

결국 나는 돌파 지점을 찾아냈다! 2016년 2월 타이베이 국제도서전. 나는 다른 사람들이 돌아다니는 곳과는 다른 부스를 찾아다녔다. 그러다 '대한출판문화협회' 부스를 발견했다. 거기서는 2017년 6월에 한국에서 열리는 서울국제도서전을 홍보하고 있었다. 나는 생각했다. 서울국제도서전에 나만의 부스에서 내 책을 홍보할 수 있다면, 한국 혹은 국제적인 바이어들이 내 작품에 흥미를 느낄 수도 있지 않을까?

그래서 나는 독립 부스를 신청하기로 결정하고 6월의 서울국제도서전에 갈 준비를 시작했다. 이렇게 결정하자 또 하나의 아이디어가 떠올랐다. 기왕 가기로 했으니 또 일을 벌여보자! 그래서 한번 부딪쳐보자는 심정으로 대한출판문화협회에 이메일을 썼다. 이메일에서 나는 나를 대만의 작가이자 강연자고 페이스북과 알리바바 등 회사에서 강연을 한 적이 있다고 소개했다. 그리고 혹시 서울국제도서전에 강연자가 필요하다면 내가 기꺼이 그중 한 명이 돼, '중화권에서 어떻게 작가의 상품성을 구축하고 판매량을 증가시킬 것인가'라는 주제에 대해 강연하고 싶다는 의사를 밝혔다.

서울국제도서전 집행위원회에서 예상치 못한 답장이 왔다! 그래서 나는 2017년 6월의 서울국제도서전에서 두 명밖에 없었던 대만 강연자 중 한 명이 됐다. 다른 한 분은 대만도서전기금회의 이사장 하오밍이郝明義 선생이었다. 그는 전문적인 강연의 강사가 아니었고 좌담회의 요청을 받았을 뿐이었다. 이 강연을 통해 나 정쾅위는 작가 및 강연자로서의 상품성과 위상이 올라갔다. 한국에 특파원으로 파견돼 있던 대만 매체가 나를 보도했고, 한국의 국회방송도 한국출판협회의 소개를 통해서 대만에서 온 작가인 나를 인터뷰했다.

강연이 끝나자 한국의 많은 청중들이 나와 함께 사진을 찍으려 했다. 그들은 며칠 동안 진행된 도서전 강연 중 내 강연이 가장 재미있고 유용했다고 말했다. 그 청중 중 한 명이 바로 부산 산지니 출판사의 강수걸 대표였다. 그와 나는 명함을 교환했다. 그리고 나는 곧바로 그에게 내 책을 한국에 출판하고 싶다고 말했다. 그는 내 책의 샘플을 받아 회사에서 검토했고, 결국 이 책『세상에 나를 추천하라』를 출판하기로 결정했다.

당시 현장에는 또 한 명의 청중이 있었다. 그녀는 광주문화재단의 연구원이었다. 그녀는 내게 언젠가 기회가 된다면 광주에 와서 강연을 해달라고 했다. 그때 그녀는 그저 덕담을 건넨 것에 불과했을지 모르겠지만 나는 진지하게 생각했다. 며칠이 지난 후 나는 그녀에게 메일을 썼다. 그녀는 나를 광주의 GIC TALK(광주국제센터 강연회)에 소개했고, 나의 이력을 본 GIC TALK의 주최자는 내게 광주 강연을 요청했다. 그래서 나는 2017년 10월 부산국제영화제의 '대만영화의 밤' 행사 사회를 본 후 광주로 가서 강연을 했다. 강연이 끝나고 내가 제작에 참여한 단편영화 〈한번 생각해 보세요你考慮一下吧〉를 상영해 현장에 있었던 시민들의 큰 반향을 얻었다. '아시아문화도시논단'의 주최자는 내 강연을 듣고 난 후 내게 많은 관심을 보이며 그해 12월에 한 번 더 강연을 해달라고 요청해 왔다.

모두가 본 것처럼, 나는 한국에 있든 대만에 있든 기회를 스스로 쟁취했다. 나는 한 번도 누군가가 나를 받아들여야 한다고 당연하게 여긴 적이 없다. 하지만 내가 원하는 것이 있고, 그것을 시도할 용기가 있다면, 실패해도 다시 시도했다. 계속 시도했다. 방법을 바꿔가며 시도했다. 당신 역시 나와 같은 각오와 비슷한 방법을 가지고 있다면, 당신이 성공하고 싶은 영역에서 두각을 드러내고 마음속에 품은 목표를 달성할 수 있을 것이다.

여기, 한 명의 전사가 있다. 1990년대 후반부터 2010년 초반까지, 세계는 경제의 호황, 공황, 회복을 제각기 또는 함께 질주했다. 적고 보니 별일 아닌 것 같다. 하지만 이 변주 속에는 헤아릴 수 없는 사람들의 무수한 고통과 기쁨이, 혹은 비명과 환호가 거대하게 섞여 있다. 그래서 오히려 간단하게 적을 수밖에 없는. 따라서 이 책의 저자는 전사다. 이 변화무쌍한 살벌한 시대에, 크게 가진 것 없이 태어나, 자신을 향한 믿음과 결의로 세계를 옹골차게 종횡무진하므로. 좌절하지 않고 질주하니까.

이 책은 그 질주의 현장에 대한 기록이다. 물론 굳이 이 책을 분류하면 자기계발서 혹은 에세이의 영역에 속할 것이다. 책장을 여는 그 순간부터 덮을 때까지 시종일관 꿈, 용기, 도전, 방안, 기술, 홍보, 믿음 등의 단어로 점철돼 있으니 분명 자기계발서다. 또한, 책장을 여는 그 순간부터 덮을 때까지 시종일관 저자 개인의 대서사시가 적당한 교훈과 함께 적혀 있으니 에세이로도 볼 수 있다. 하지만 왜인지 몰라도, 내게 이 책은 르포르타주로 느껴졌다. 어떤 시대와 정서에 대한 기록들, 지나갈 듯 여전히 머무르고 있는 흔적들이 어렴풋이 다가왔기 때문이다. 아마 이 어렴풋한 느낌이 이번 번역이 내게 남긴 유일한 흔적이 될 것 같다.

산지니 출판사에서 이 책의 번역을 문의해 왔을 때가 떠오른다. 인터넷을 뒤져 나온 책과 저자에 대한 정보는 번역 여부를 결정할 수 있을 만큼 넉넉하지 않았고, 그나마 노출된 자료도 판단의 근거가 되기는 부족했다. 그래서 대만으로 건너가 직접 책을 보고 대만 청년들을 만나 저자에 대해 문의도 해봤다. 이런 다각도의 검토 후, (고백하자면) 역자들은 이 책의 번역에 반대했다. 이유는 두 가지였다. 잔뜩 높아진 수준의 자기계발서가 이미 범람하고 있는 한국출판계의 현실이 첫째 이유였고, 역자들이 주시하던 대만 사회의 영역 및 성격과 이 책에 등장하는 삶의 결들이 맞닿아 있지 않다는 게 두 번째 이유였다. 그러나 우리는, 우리의 권고를 스스로 배신하고 산지니 출판사의 제안을 수용해 번역을 맡았다.

배신이 믿음보다 더 강한 명분을 갖는다. 나는 이 책이 또 다른 대만을 이해하는 데 도움이 된다고 판단했다. 현재 한국의 대만 소비는 관광을 중심으로 이뤄지고 있다. 소박하고 평온한 대만에서의 여행과 휴식. 또 다른 한국의 대만 이해는 역사와 정치 영역에서 활발하게 진행 중이다. 일제 식민통치, 독재, 민주화로 이어지는 양국의 닮은 듯 다른 흐름과 분투. 그러나 이 두 축에서는 대만인들의 일상적인 욕망과 선망이 보이지 않는다.

그래서 독자 여러분께 다른 방식의 독법을 추천하고 싶다. 이 책을 성공한 한 대만인의 자기계발서적 에세이 혹은 에세이적 자기계발서로만 읽지 말고, 이 책의 기저에 깔린 대만 사회의 성공에 대한 욕망, 그 욕망의 전파 신호를 감지하는 수색·탐색적 자세로 일독하길 권한다. 그렇게 읽으면 이 책이 조금 더 친숙하게 다가올 것이다. 왜? 자기계발에서 힐링, 힐링에서 초탈은 최근 20년간 동북아시아 제반 국가들이 함께 겪었고 겪고 있는 사회적 흐름이기 때문이다. 한국도 불과 얼마 전까지 자기계발의 신드롬을 온몸으로 받아내지 않았던가. 그래서 저자가 인용하는 몇 권의 세계적 자기계발서는 대부분의 독자 여러분에게도 익숙한 책들일 것이다.

용기와 도전을 강조하며 희망을 노래하는 뜨거운 전사인 저자에게 미안하지만, 그리고 어떤 자기계발과 전환을 기대하고 이 책을 읽었을 예비 전사 독자들에게 송구스럽지만, 나는 이 책이 어둡고 슬프다고 생각한다. 성공해야 했고, 성공하기 위해서는 온갖 방법을 동원해야 했고, 그 노력을 보상받기 위해서 더 성공해야 했고, 성공을 하면 그걸 지키기 위해 악을 써야 했고, 그렇게 악을 쓰는 과정에서 벌어지는 어지간한 일들을 용인했고, 이 모든 과정에 사회 구성원 다수가 동의하고 동참했던, 정말로 그랬던 한 시대가 떠올랐기 때문이다. 전사가 되지 않았다는 이유로 저도 모르게 패자로 낙인찍혔던 시절이었다. 전사들은 패자를 무시하거나 조롱하고, 저도 모르게 패자가 된 사람들은 전사를 선망하거나 자신을 스르르 포기해갔던 그때를 떠오르게 해서, 이 책은 내게 서글펐다. 개인적 차원으로는, 이 책이 지나간 노래를 다시 흥얼거리는데도 그 노래를 들으며 떠올릴 만한 아름다운 추억이 내게는 없다. 자기계발서적인 에세이, 에세이적인 자기계발서를 번역한 나는, 성공과 발전을 강조하는 자기계발의 시대와 영역에서 오직 단 하나, 실패만을 성공해 봤다. 그래서 내가 권하는 이 책의 독법은 바로 '이런 서글픔이 공유되는 대만 감각하기' 정도가 되겠다.

여기서 이 책은 하나의 의미가 된다. 누군가를 대상화할 때는 긍정과 부정의 기준이, 실질과 생활의 영역보다 강하다. 그러므로 이 책은 대만에 대한 대상화를 막아주는 아주 좋은 예방주사가 될 수 있다. 대만의 많은 이들도 한국의 많은 이들처럼, 더 뜨겁게 싸우고 싶어 하고 더 풍성한 전리품을 취하고 싶어 하는 전사/예비전사라는 사실을 알려주니까. 이 알림을 독자 여러분이 들을 수 있기를 바란다.

아, 글을 맺기 전에 당부 하나를 남긴다. 이 책 곳곳에서 제시되는 저자의 다양한 성공 기술은 저자의 역량에 크게 의존한 것이니, 이 기술들이 탐나는 독자분들은 부디 자신에게 적절하게, 세밀한 조정을 거쳐 활용하시길!

역자를 대표하여, 곽규환

222

세상에 나를 추천하라

초판 1쇄 발행 2018년 11월 23일

지은이 정쾅위
옮긴이 곽규환 · 한철민
펴낸이 강수걸
편집장 권경옥
편집 정선재 윤은미 이은주 강나래
디자인 권문경 조은비
펴낸곳 산지니
등록 2005년 2월 7일 제333-3370002510020050000001호
주소 부산시 해운대구 수영강변대로 140 BCC 613호
전화 051-504-7070 | 팩스 051-507-7543
홈페이지 www.sanzinibook.com
전자우편 sanzini@sanzinibook.com
블로그 http://sanzinibook.tistory.com

ISBN · 978-89-6545-565-3 03320

* 책값은 뒤표지에 있습니다.
* 이 도서의 국립중앙도서관 출판예정도서목록(CIP)은 서지정보유통지원시스템
홈페이지(http://seoji.nl.go.kr)와 국가자료공동목록시스템(http://www.nl.go.kr/
kolisnet)에서 이용하실 수 있습니다.(CIP제어번호: CIP2018034509)